Kondraty Fyodorovich Ryleyev

Voynarovsky
(Войнаровский)

KONDRATY FYODOROVICH
RYLEYEV

Voynarovsky
(Войнаровский)

POEME TRADUIT DU RUSSE
ET ANNOTE PAR
RICHARD WOJNAROWSKI

EDITION BILINGUE

Ouvrages du même auteur et / ou traducteur :

Aux Editions Complicités

Stefan Żeromski
- Histoire d'un péché (Dzieje grzechu)
 ISBN 9782351202067

Aux Editions BoD

Richard Wojnarowski
- Du néant à la physique, Nouvelle édition 2017
 ISBN 9782322081714
- Quelques commentaires au De Rerum Natura
 de Lucrèce *ISBN 9782322208425*

Adam Mickiewicz
- Messire Thaddée (Pan Tadeusz)
 ISBN 9782322252756

Władysław Stanisław Reymont
- La Comédienne (Komediantka)
 ISBN 9782322155712
- La Révolte (Bunt) *ISBN 9782322377695*

Bolesław Prus
- Les Enfants (Dzieci) *ISBN 9782322400492*

Virgile
- L'Enéide, Première partie (Chants I à VI)
  ISBN 9782322398591
- L'Enéide, Deuxième partie (Chants VII à XII)
  ISBN 9782322423064

Józef Ignacy Kraszewski
- Morituri *ISBN 9782322481736*
- La Rome sous Néron (Rzym za Nerona)
  ISBN 9782322505050

Stefan Żeromski
- Le Pré-printemps (Przedwiośnie)
  ISBN 9782322506514

Ksawery Pruszyński
- La Palestine pour la troisième fois
  (Palestyna po raz trzeci)   *ISBN 9782322524563*
- Ecrits Choisis (1939-1946)
  ISBN 9782322541898

© *Richard Wojnarowski*

Kondraty Fyodorovich Ryleyev naît en 1795 dans une famille noble russo-allemande du gouvernorat de Saint-Pétersbourg. Elève de l'école des cadets de Saint-Pétersbourg, il participe à la guerre de la coalition anti-napoléonienne de 1814.

De retour en Russie, son unité stationne en Lituanie puis près d'Ostrogozk en pays ukrainien où il passe près de trois ans et rencontre sa future épouse, fille d'un officier cosaque.

Il quitte l'armée en 1821 pour le monde de la justice puis celui des affaires, devenant actionnaire de la Compagnie russo-américaine dont les activités étaient liées à la colonisation de la Sibérie.

En 1823 il devient membre de la Société secrète du Nord ayant pour objectif de faire évoluer le tsarisme vers un régime fédéral et constitutionnel, voire républicain, à l'image des Etats-Unis ou de l'Angleterre. Il adhère au mouvement anti-gouvernemental russe des Décembristes, ainsi nommé pour avoir organisé en décembre 1825 un soulèvement, avorté, sur la Place du Sénat de Saint-Pétersbourg. Le mouvement était principalement dirigé contre l'autocratie et le servage, accusés de contrarier le développement du pays.

Reconnu comme l'un des principaux organisateurs du soulèvement, Ryleyev est exécuté en juillet

1826 en même temps que quatre autres chefs de l'insurrection. On dit qu'il fut pendu à deux reprises, la première corde ayant cassé, et aurait dit « Malheureux pays, où l'on ne sait même pas comment vous pendre ».

Deux de ses œuvres ont été publiées de son vivant, en 1925 : Думы (*Chants historiques*), recueil de 20 poèmes dédiés à des personnages historiques, ainsi que son poème Войнаровский (*Voynarovsky*). Un autre poème, Наливайко (*Nalivayko*), est resté inachevé.

Après l'exécution de leur auteur, ces œuvres ont été interdites de diffusion et leurs publications détruites. Elles circulèrent sous le manteau en Occident par l'entremise de l'émigration russe.

*Je dédie cette traduction à tous les Russes,
Polonais et Ukrainiens, dans l'espoir qu'un jour
ils finissent enfin par s'entendre*

... Nessun maggior dolore
Che ricordarsi del tempo felice
Nella miseria...
Dante[1]

à A.A.Bestuzhev

Как странник грустный, одинокий,
В степях Аравии пустой,
Из края в край с тоской глубокой
Бродил я в мире сиротой.
Уж к людям холод ненавистный
Приметно в душу проникал,
И я в безумии дерзал
Не верить дружбе бескорыстной.
Незапно ты явился мне:
Повязка с глаз моих упала;
Я разуверился вполне,
И вновь в небесной вышине
Звезда надежды засияла.

Прими ж плоды трудов моих,
Плоды беспечного досуга;
Я знаю, друг, ты примешь их
Со всей заботливостью друга.
Как Аполлонов строгий сын,

---

[1] « Il n'y a pas de plus grand chagrin que de se rappeler le temps heureux dans le malheur… » en italien.

Tel un voyageur triste, solitaire,
Dans les steppes de l'Arabie déserte,
D'un pays à l'autre, mélancolique
J'ai erré, orphelin, dans le monde.
Déjà le froid que les gens détestent
En mon âme se manifestait,
Et j'osais, dans ma sottise, perdre foi
En l'amitié désintéressée.
Soudain tu te présentas à moi :
Le bandeau de mes yeux tomba ;
J'ai complètement changé d'avis
Et de nouveau là-haut dans les cieux
Brilla l'étoile de l'espérance.

Accepte le fruit de mes efforts,
Le fruit d'un insouciant babil ;
Je suis sûr, mon ami, que tu l'accepteras
Avec toute la sollicitude d'un ami.
Comme le fils sévère des Apollons,

Ты не увидишь в них искусства:
Зато найдешь живые чувства, —
Я не Поэт, а Гражданин.

Tu ne trouveras point d'art en lui,
Mais une vive sensibilité —
Je ne suis pas Poète, mais Citoyen.

BIOGRAPHIE DE MAZEPA

Mazepa fait partie des personnages les plus remarquables de l'histoire russe du 18ème siècle. Son lieu de naissance et les premières années de sa vie se perdent dans l'obscurité. La seule chose certaine est qu'il a passé sa jeunesse à la Cour de Varsovie, en tant que page du roi Jean-Casimir[2], éduqué au sein de la jeune élite polonaise. Des circonstances malheureuses, encore non éclaircies à ce jour, l'ont contraint à s'enfuir de Pologne[3]. L'histoire nous le présente pour la première fois en 1674 comme conseiller principal de Dorochenko, lequel sous le protectorat de la Pologne gouvernait les terres situées en rive droite du Dniepr. La Cour de Moscou décida à l'époque de rassembler ces contrées sous son autorité. Mazepa, fait prisonnier dès le début de la guerre

---

[2] Jean II Casimir Vasa, roi de Pologne de 1648 à 1668.
[3] On raconte que lors de son séjour en Volhynie vers 1660, Mazepa, né en 1639 dans une famille de nobles de Podolie, fut pris en flagrant délit d'adultère avec la femme d'un noble polonais, ce qui lui valut d'être enduit de goudron et emporté sur le dos d'un cheval sauvage à travers les steppes ukrainiennes. Recueilli par des paysans, il découvre leur vie aventureuse marquée par les conflits et les brigandages de toutes sortes.

contre Dorochenko, contribua beaucoup par ses conseils contre son ancien maître aux succès de cette entreprise et resta au service de Samoylovich, hetman de l'Ukraine de Petite-Russie. Samoylovich, ayant remarqué chez lui un esprit rusé et retors, séduit par son éloquence, l'utilisa dans ses négociations avec le tsar Fyodor Alekseyevich, le khan de Crimée, et les Polonais. A Moscou Mazepa entra en relation avec les premiers boyards de la Cour du tsar, et après l'échec de l'expédition du favori de Sophie, le prince Vassily Vassilyevich Golitsyne, en Crimée en 1687, pour exonérer ce magnat de sa responsabilité, attribua l'échec de cette guerre à son bienfaiteur Samoylovich ; il envoya à ce sujet une dénonciation aux tsars Ivan et Pierre et en récompense de cette démarche il fut, grâce aux intrigues de Golitsyne, nommé hetman des deux Ukraines.

Entretemps la guerre contre les Criméens continuait : la campagne de 1688 connut un échec encore plus grand que celle de l'année précédente ; survint alors un changement de gouvernement. Le règne de Sophie et de son favori prit fin, et le pouvoir passa aux mains de Pierre. Mazepa, craignant de partager le sort malheureux du magnat à qui il devait son ascension, se résolut à se déclarer du côté du jeune maître, accusa Golitsyne de concussion et resta hetman.

Confirmé dans cette dignité, Mazepa faisait tout son possible pour gagner les faveurs du monarque russe. Il prit part à la campagne d'Azov ; pendant que Pierre voyageait à l'étranger il fit la guerre avec succès aux Criméens, et fut parmi les premiers à conseiller de rompre la paix avec les Suédois. En paroles et en actes il s'avéra un des plus fervents champions des succès de la Russie, manifestant une parfaite soumission à la volonté de Pierre, anticipant ses désirs, et en 1701, quand les Tatares de Budzhak et de Belgorod sollicitèrent sa protection conformément aux vieilles coutumes des Cosaques, il répondit aux ambassadeurs — « les habitudes passées n'ont plus cours, les hetmans ne font rien sans l'accord du souverain ». Ecrivant au tsar, Mazepa se présentait comme isolé, affirmant que tous ceux de son entourage en voulaient à la Russie ; il demandait qu'on lui donnât l'occasion de prouver sa loyauté en lui permettant de participer à la guerre contre les Suédois, et en 1704, après la campagne de Galicie, il se plaignit que le roi Auguste[4] l'eût maintenu sur la touche, ne lui donnant pas les moyens de fournir d'importants services au tsar russe. Pierre, captivé par son intelligence, ses connaissances et content de ses services, se montrait singulièrement bienveillant avec l'hetman. Il avait une confiance illimitée en lui, le comblait de bienfaits, lui confiait ses secrets les plus importants, écoutait ses conseils. S'il arrivait à des mécontents de se plaindre de l'hetman et de l'accuser de traîtrise, le souverain commandait de

---

[4] Auguste II, roi de Pologne de 1697 à 1704.

les envoyer en Petite-Russie et de les juger en tant que calomniateurs ayant osé diffamer l'honnête maître des Cosaques. Mazepa écrivait encore à la fin de l'année 1705 à Golovkine : « Je ne m'arracherai jamais au service de mon souverain bien-aimé ». Début 1706, il trahissait déjà.

Plus d'une fois déjà, Stanislas Leszczynski[5] avait envoyé à Mazepa ses hommes de confiance avec des promesses mirifiques pour le persuader de passer de son côté, mais ce dernier renvoyait toujours ces propositions à Pierre. Ayant concocté sa trahison, le maître de la Petite-Russie jugea indispensable de simuler. Détestant les Russes en son âme, il commença soudain à se comporter avec eux de la plus aimable des façons ; dans ses lettres au souverain, il l'assurait comme jamais de son dévouement, et entretemps il attisait en secret le mécontentement des Cosaques à l'égard de la Russie. Au prétexte que les Cosaques murmuraient contre les efforts qu'ils avaient supportés lors des campagnes des années précédentes et lors des travaux en garnison, il licencia l'armée, sortit les troupes des forteresses et se mit à fortifier Batouryn[6] ; lui-même feignit la maladie, restant alité, s'entourant de médecins, sans se

---

[5] Roi de Pologne de 1704 à 1709, puis de 1733 à 1736, beau-père de Louis XV.
[6] Capitale de l'hetmanat cosaque du temps de Mazepa, aujourd'hui petite ville située au nord-est de l'Ukraine, à une centaine de kilomètres à l'est de Tchernihiv.

lever plusieurs jours de suite, ne pouvant ni marcher, ni se tenir debout, et pendant ce temps, alors que tous le supposaient à l'article de la mort, il mettait ses desseins à exécution : il correspondait avec Charles XII[7] et Leszczynski, négociait la nuit avec l'envoyé de Stanislas, le Jésuite Zelensky, les conditions auxquelles la Petite-Russie devait être livrée aux Polonais, et envoyait des agents secrets aux Zaporogues pour leur annoncer que Pierre avait l'intention de liquider la Sitch[8], pour qu'ils préparent leur résistance. L'hetman se mit à simuler encore davantage après l'entrée de Charles en Russie. En 1708 sa maladie empira. Ses correspondances secrètes avec le roi de Suède et ses courriers à Pierre se firent plus fréquents. Il suppliait Charles d'arriver au plus vite en Petite-Russie et de le sauver du joug des Russes, et simultanément écrivait au comte Gabriel Ivanovich Golovkine qu'aucun intérêt ne pouvait l'arracher à la main souveraine du tsar russe et affecter son inébranlable loyauté. Entretemps, les Suédois furent défaits près de Dobro et Lesno, et Charles se tourna vers l'Ukraine. Pierre ordonna au hetman de marcher sur Kiev et à partir de là d'attaquer le camp ennemi ; mais Mazepa ne bougea pas de Borzna ; ses douleurs feintes empiraient d'heure en heure ; le 22 octobre 1708 il écrivait encore au

---

[7] Roi de Suède de 1697 à 1718.
[8] Entité semi-autonome des Cosaques Zaporogues, établie sur les bords du cours inférieur du Dniepr.

comte Golovkine qu'il était incapable de se retourner sans l'aide de ses serviteurs, qu'il n'avait pas pris de nourriture depuis plus de 10 jours, n'avait pas dormi et, se préparant à mourir, avait déjà reçu l'extrême onction, et le 29, apparaissant à Gorki avec 5000 Cosaques, il déposait aux pieds de Charles XII la boulava et le bountchouk[9] en signe de soumission et de loyauté.

Qu'est-ce qui avait poussé Mazepa à la trahison ? La haine des Russes, contractée dès son enfance, du temps de son séjour à la Cour polonaise ? Sa liaison amoureuse avec une des parentes de Stanislas Leszczynski, qui le contraignit à passer du côté de ce roi ? Ou bien, comme certains le supposent, l'amour de la patrie lui inspirant la crainte déplacée de voir la Petite-Russie, abandonnée au pouvoir du tsar, être privée de ses droits ? Mais dans les actes de l'époque je ne vois pas se manifester dans la conduite de l'hetman de Petite-Russie ce sentiment sublime qui eût supposé la renonciation à de nombreux avantages et l'abnégation au service de ses concitoyens. Mazepa, dans ses proclamations et ses lettres aux Cosaques jurait par les noms les plus sacrés qu'il agissait pour leur bien ; mais dans son accord secret avec Stanislas, il livrait à la Pologne

---

[9] La boulava était une masse cérémonielle symbole d'autorité d'origine polonaise, et le bountchouk un emblème cosaque d'origine turco-mongole, constitué d'une queue de cheval accrochée au bout d'une hampe.

la Petite-Russie et Smolensk, afin d'être reconnu comme prince gouverneur de Polotsk et de Vitebsk. Une vile et mesquine ambition l'avait amené à trahir. Le bien des Cosaques lui servait de moyen pour multiplier le nombre de ses complices et de prétexte pour dissimuler sa perfidie, et était-il capable, élevé à l'étranger, ayant déjà par deux fois fait preuve de traitrise, de s'élever au sentiment généreux d'amour pour la patrie ?

Le procureur général Vassily Kotchoubeï était déjà depuis longtemps en désaccord avec Mazepa. Sa haine envers l'hetman se renforça à partir de 1704, après que ce dernier, mésusant de son pouvoir, séduisit la fille de Kotchoubeï et, se moquant des plaintes de ses parents, poursuivit sa liaison fautive avec elle. Kotchoubeï jura de se venger de Mazepa ; apprenant ses intentions criminelles, peut-être poussé par son zèle pour le tsar, il se résolut à les dévoiler à Pierre. D'un commun accord, le colonel de Poltava Iskra et lui envoyèrent leur dénonciation à Moscou, et peu de temps après, s'y rendirent eux-mêmes. Mais la loyauté de douze ans de Mazepa et son âge de soixante-quatre ans éloignaient de lui tout soupçon. Pierre, attribuant la démarche de Kotchoubeï et de Iskra à leur haine personnelle pour l'hetman, ordonna de les renvoyer en Petite-Russie, où ces malheureux, ayant déclaré sous la torture que leurs témoignages étaient mensongers, furent exécutés le 14 juillet 1708 à Borshchiagovka, à 8 milles de Belaya Tserkva[10].

A. Kornilovich[11]

---

[10] Kotchoubeï et Iskra furent réhabilités par Pierre le Grand ; quant à Mazepa, mort en 1709, il fut rayé de l'Ordre de Saint-André peu avant sa mort, et se vit attribuer le titre d'infamie de l'Ordre de Judas, créé spécialement pour lui.

[11] Alexandre Osipovich Kornilovich (1800-1834) : officier originaire de Podolie, frontalière de la Moldavie actuelle, écrivain et historien spécialiste de l'époque de Pierre le Grand ; membre de la Société du Sud des Décembristes, il fut impliqué dans le soulèvement de décembre 1825, et condamné à ce titre à des travaux forcés en Sibérie puis interné à la forteresse Pierre et Paul de Saint-Pétersbourg où il put continuer ses recherches. Il fut envoyé à sa demande comme simple soldat au Caucase, où il mourut à l'âge de 34 ans.

BIOGRAPHIE DE VOYNAROVSKY

Andreï Voynarovsky[12] était le fils de la sœur de Mazepa, mais il n'existe aucun renseignement fiable concernant son père et son enfance. On sait seulement que l'hetman sans enfants, pressentant des dons chez son neveu, le déclara son successeur et l'envoya en Allemagne pour y faire ses études et apprendre les langues étrangères. Après avoir parcouru l'Europe, il rentra chez lui, ayant perfectionné sa connaissance des hommes et des choses. En 1705 Voynarovsky fut envoyé au service du tsar. A l'époque Mazepa le confia à la protection personnelle du comte Golovkine ; et en 1707 nous le retrouvons déjà ataman[13] d'un détachement de cinq mille hommes envoyé par Mazepa à Lublin en renfort de Menchikov[14], d'où il revint l'automne de la

---

[12] « Voynarovsky » est la transcription française du russe « Войнаровский » ; en polonais le nom s'écrit « Wojnarowski ».

[13] Chef militaire chez les Cosaques.

[14] Alexandre Danilovich Menchikov (1673-1729) : homme politique et chef militaire, compagnon de Pierre le Grand ; il s'illustra dans la guerre russo-suédoise, dite « grande guerre du Nord » qui dura de 1701 à 1721.

même année. Partie prenante aux projets secrets de son oncle, Voynarovsky, au moment décisif où Charles XII envahissait l'Ukraine, fit route vers Menchikov afin d'excuser la lenteur de l'hetman et dissimuler sa conduite. Mais Menchikov était déjà détrompé : ses doutes quant à la trahison de Mazepa se transformaient en vraisemblance, et la vraisemblance tendait à la certitude — les histoires de Voynarovsky furent vaines. Voyant que le danger pour lui croissait d'heure en heure sans apporter aucune amélioration à sa situation, il retourna secrètement à l'armée[15]. Mazepa continuait à feindre : il fit semblant de s'être fâché contre son neveu et, pour se débarrasser d'un encombrant espion, — le colonel Protasov, il pria celui-ci d'intercéder personnellement auprès de Menchikov pour qu'il pardonne à Voynarovsky d'être parti sans prendre congé. Protasov tomba dans le piège et quitta l'hetman, semblait-il — mourant. La trahison manifeste de Mazepa et le ralliement d'une partie de l'armée cosaque à Charles XII suivirent sans tarder, et à partir de ce moment la destinée de Voynarovsky fut inséparable de la destinée de ce traître célèbre et chevalier couronné, qui maintes fois l'envoya de Bender[16] chez le

---

[15] Sans doute les détachements de l'armée cosaque qui étaient restés fidèles à Mazepa.
[16] Ville située sur la rive droite du Dniestr, conquise au 16ème siècle par les Ottomans de Soliman le Magnifique.

khan de Crimée et à la Cour de Turquie afin de les soulever contre la Russie. Stanislas Leszczynski nomma Voynarovsky voïvode royal du Royaume de Pologne, et Charles lui attribua le grade de colonel des armées suédoises, et après la mort de Mazepa le nomma hetman des deux rives du Dniepr. Cependant Voynarovsky perdit l'espoir resplendissant et assuré d'être l'hetman de toute la Petite-Russie, bien que les plans de son oncle et les souhaits de ses amis le désignassent pour succéder à cette dignité, et il renonça à une charge d'hetman sans terres, que seuls des fuyards lui avaient attribuée, et même s'en affranchit, donnant à Orlik[17] 3000 tchervonets[18] pour être désigné hetman, et payant au kotchevoï[19] 200 tchervonets pour persuader les Cosaques de faire ce choix. Ayant hérité de son oncle une quantité notable d'argent et de pierres précieuses, Voynarovsky quitta la Turquie, et entama une vie très fastueuse à Vienne, Breslau et Hambourg. Son

---

Elle est revendiquée aujourd'hui par la Transnistrie, partie séparatiste de la Moldavie.

[17] Philip Stepanovich Orlik (1672-1742) est un noble d'origine tchèque. Allié de Mazepa, il fut proclamé, après la mort de celui-ci, hetman en exil à Bender. La défaite de Charles XII mit un terme à ses projets d'émanciper la Petite-Russie des tutelles russe et polonaise et en faire un protectorat suédois.

[18] Pièces d'or, correspondant aux ducats ou florins occidentaux.

[19] Chef de communauté cosaque.

instruction et sa richesse l'introduisirent dans les cercles les plus brillants des Cours allemandes, et son astuce, sa courtoisie, le mirent en relation (apparemment toujours ambiguë) avec la célèbre comtesse Koenigsmark, favorite de son ennemi, le roi Auguste[20], mère du comte Maurice de Saxe. Tandis que la chance caressait ainsi Voynarovsky de ses amusements et de ses faveurs, le destin lui préparait ses foudres. S'apprêtant à se rendre en Suède pour y récupérer auprès de Charles 240 000 thalers que ce dernier avait empruntés à Mazepa, il arriva en 1716 à Hambourg, où il fut arrêté dans la rue à la demande d'un magistrat sur la requête du résident russe Boetticher. Cependant, à la suite de la protestation de la Cour de Vienne, conformément au principe de neutralité, son expulsion de Hambourg prit du temps, et seule la propre volonté de Voynarovsky de s'en remettre à la grâce de Pierre 1er le livra au pouvoir des Russes. Il se présenta au souverain le jour du saint patron de l'impératrice, dont l'intercession le sauva de l'exécution. Voynarovsky fut déporté avec toute sa famille à Iakoutsk[21], où il termina sa vie, on ne

---

[20] Frédéric-Auguste 1er de Saxe, dit Auguste le Fort, qui régna en Pologne sous le nom d'Auguste II (cf. la note 4 supra).
[21] Ville de Sibérie orientale, fondée en 1632 sur les bords de la Léna. Elle devint le centre militaire, administratif et commercial du bassin de la Léna. On y prélevait le *yasak*, impôt perçu sur les peuples autochtones.

sait ni quand ni comment[22]. Müller[23], lors de son séjour en Sibérie dans les années 1736 et 1737 le vit à Iakoutsk, mais déjà ensauvagé et ayant presque oublié les langues étrangères et la vie en société.

Telle fut la vie de Voynarovsky et son tempérament transparaît dans ses actes. Il était courageux, sinon Mazepa ne lui eût pas confié un important détachement de gens indépendants, à qui seules ses qualités personnelles pouvaient en imposer ; persuasif, si l'on en juge par les missions que lui confièrent Charles XII et Mazepa ; résolu et inflexible comme cela ressort de sa brouille avec Menchikov ; et pour le reste, astucieux et policé, car la vanité ne l'aurait pas fait appeler comte[24] à Vienne si l'aimable barbare n'avait pas possédé cette délicatesse aristocratique ; en un mot, Voynarovsky appartenait à cette peu nombreuse catégorie de gens que Pierre le Grand a honorés du nom d'ennemis dangereux. Il est indubitable que Voynarovsky, doué d'un fort caractère, dont les circonstances permirent l'épanouissement au cours d'une époque si glorieuse, fait partie du nombre des plus intéressantes figures du siècle passé — des figures appartenant à la fois à

---

[22] On a écrit qu'il mourut vers 1740, âgé d'une soixantaine d'années.

[23] Gerhard-Friedrich Müller (1705-1783), historien, explorateur russe d'origine allemande, spécialiste de la Sibérie.

[24] « A Vienne on l'appelait comte » (note de Ryleyev).

l'histoire et à la poésie, car les vicissitudes de son destin ont devancé tout ce qu'a pu imaginer le romantisme.

A. Bestuzhev[25]

---

[25] Alexandre Alexandrovich Bestuzhev (1797-1837), dédicataire du poème « Voynarovsky », est un écrivain, critique littéraire, publiciste russe de l'époque romantique, adepte du byronisme. Il fut introduit en 1824 par Ryleyev dans la Société secrète du Nord et participa en tant qu'officier au soulèvement des Décembristes de décembre 1825. Il fut condamné à l'exil à Iakoutsk, où il séjourna jusqu'en 1829, et de là fut transféré comme simple soldat au Caucase, où il mourut lors d'une escarmouche avec des montagnards. En 1823-1825 il publia avec Ryleyev l'almanach littéraire « Etoile polaire », qui fut considéré comme séditieux après le soulèvement. Son exil en Sibérie et au Caucase n'interrompit pas son activité littéraire, qu'il poursuivit sous le pseudonyme de Marlinsky. Ses romans et nouvelles « romantiques » connurent un grand succès dans les années 1830 auprès du public russe.

ЧАСТЬ ПЕРВАЯ

В стране метелей и снегов,
На берегу широкой Лены,
Чернеет длинный ряд домов
И юрт бревенчатые стены.
Кругом сосновый частокол
Поднялся из снегов глубоких,
И с гордостью на дикий дол
Глядят верхи церквей высоких;
Вдали шумит дремучий бор,
Белеют снежные равнины,
И тянутся кремнистых гор
Разнообразные вершины…

Всегда сурова и дика
Сих стран угрюмая природа;
Ревет сердитая река,
Бушует часто непогода,
И часто мрачны облака…
Никто страны сей безотрадной,
Обширной узников тюрьмы,
Не посетит, боясь зимы
И продолжительной и хладной.
Однообразно дни ведет
Якутска житель одичалый;

PREMIERE PARTIE

Au pays des tempêtes et des neiges,
Sur les bords de la large Lena,
S'alignent, nombreuses, de noires maisons
Et des yourtes aux parois de rondins.
Autour, une enceinte en bois de pin
Emerge des neiges profondes,
Et de leur hauteur les fières églises
Contemplent la vallée sauvage ;
Au loin murmure la dense forêt,
Blanchissent les plaines enneigées
Et se déploient des monts siliceux
Les cimes aux formes variées…

Rude et sauvage a toujours été
La morne nature de ces contrées ;
La rivière en colère mugit,
Souvent le mauvais temps fait rage,
Souvent sinistres sont les nuages…
Personne ce pays lugubre,
Cette vaste prison de reclus,
Ne visite par crainte de l'hiver,
Aussi interminable que glacial.
Ici, l'habitant de Iakoutsk mène,
Ensauvagé, une vie monotone.

Лишь раз иль дважды в круглый год,
С толпой преступников усталой,
Дружина воинов придет;
Иль за якутскими мехами,
Из ближних и далеких стран,
Приходит с русскими купцами
В забытый город караван.
На миг в то время оживится
Якутск унылый и глухой;
Все зашумит, засуетится,
Народы разные толпой:
Якут и юкагир пустынный,
Неся богатый свой ясак,
Лесной тунгуз и с пикой длинной
Сибирский строевой козак.

Тогда зима на миг единый
От мест угрюмых отлетит,
Безмолвный лес заговорит,
И чрез зеленые долины
По камням Лена зашумит.
Так посещает в подземелье
Почти убитого тоской
Страдальца-узника порой
Души минутное веселье
Так в душу мрачную влетит
Подчас спокойствие ошибкой

Juste une ou deux fois dans toute l'année
Avec une foule de criminels éreintés
Se présente une escouade de militaires ;
Ou bien, en quête de fourrures iakoutes,
Venant de régions proches ou lointaines,
Arrive dans la ville oubliée
Une caravane d'acheteurs russes.
Instantanément s'anime alors
La morne et sourde ville de Iakoutsk ;
Tout s'agite et se remplit de bruit,
Toutes sortes de peuples se pressent :
Iakoutes et Youkaghires[26] des toundras,
Apportant leur riche yasak[27],
Toungouses des taïgas, Cosaques
Sibériens armés de leur longue pique.

Alors l'hiver, l'espace d'un instant,
Abandonne ces lieux sinistres,
La forêt muette se fait bavarde,
Et traversant de vertes vallées
La Lena sur les pierres gazouille.
C'est ainsi qu'au fond de son antre
Le reclus souffrant, presque abattu
Par la mélancolie, voit parfois son âme
Par une allégresse fugace visitée,
C'est ainsi que dans son âme lugubre
De temps à autre par erreur s'installe

---

[26] Aborigènes habitant le nord-est de la Sibérie.
[27] Cf. la note 21 supra.

И принужденною улыбкой
Чело злодея прояснит…

Но кто украдкою из дому
В тумане раннею порой
Идет по берегу крутому
С винтовкой длинной за спиной;
В полукафтанье, в шапке черной
И перетянут кушаком,
Как стран Днепра козак проворный
В своем наряде боевом?
Взор беспокойный и угрюмый,
В чертах суровость и тоска,
И на челе его слегка
Тревожные рисует думы
Судьбы враждующей рука.
Вот к западу простер он руки;
В глазах вдруг пламень засверкал,
И с видом нестерпимой муки,
В волненье сильном он сказал:

О край родной! Поля родные!
Мне вас уж боле не видать;
Вас, гробы праотцев святые,
Изгнаннику не обнимать.
Горит напрасно пламень пылкий,
Я не могу полезным быть:
Средь дальней и позорной ссылки
Мне суждено в тоске изныть.

La paix, et qu'un sourire forcé
Le front du malfaiteur illumine…

Mais qui, discrètement de chez lui
Sorti dans le brouillard matinal,
Marche le long de la berge abrupte,
Son long fusil de chasse sur l'épaule ;
Dans son court caftan, d'une chapka
Noire coiffé, ceint de son écharpe,
Pareil au leste Cosaque du Dniepr
Arborant sa tenue de combat ?
Le regard inquiet et lugubre,
Les traits austères et mélancoliques,
Il porte sur le front les stigmates
D'anxieuses pensées esquissées
Par la main d'une adverse destinée.
Voilà que vers l'ouest il tend les bras ;
Dans ses yeux soudain une flamme brille,
Et, affichant une atroce souffrance,
Il dit, pris d'une forte émotion :

« O pays natal ! Campagne natale !
Plus jamais je ne vous reverrai,
Vous, tombes sacrées de mes aïeux,
L'exilé ne peut vous embrasser.
En vain brûle mon ardente flamme,
Mais je ne puis plus être utile :
Dans un lointain et honteux exil
Mon sort est de mourir de chagrin.

О край родной! Поля родные!
Мне вас уж боле не видать;
Вас, гробы праотцев святые,
Изгнаннику не обнимать».
Сказал; пошел по косогору;
Едва приметною тропой
Поворотил к сырому бору
И вот исчез в глуши лесной.
Кто ссыльный сей, никто не знает;
Давно в страну изгнанья он,
Молва народная вещает,
В кибитке крытой привезен.
Улыбки не видать приветной
На незнакомце никогда,
И поседели уж приметно
Его и ус и борода.
Он не варнак; смотри: не видно
Печати роковой на нем,
Для человечества постыдной,
В чело вклейменной палачом.
Но вид его суровей вдвое,
Чем дикий вид чела с клеймом;
Покоен он — но так в покое
Байкал пред бурей мрачным днем,
Как в час глухой и мрачной ночи,
Когда за тучей месяц спит,
Могильный огонек горит, —
Так незнакомца блещут очи.

O pays natal ! Campagne natale !
Plus jamais je ne vous reverrai,
Vous, tombes sacrées de mes aïeux,
L'exilé ne peut vous embrasser »
Dit-il ; partant à flanc de côteau,
Sur une piste à peine visible,
Il oblique vers l'inconquise forêt
Et disparaît dans ses profondeurs.
Qui est ce déporté, nul ne sait ;
Depuis longtemps au pays de l'exil
Il vit, dit-on ici, amené
Dans une kibitka couverte.
De sourire avenant on ne voit
Jamais sur ce visage inconnu.
Et déjà bien grises sont devenues
Sa moustache ainsi que sa barbe.
Ce n'est pas un varnak[28] ; regarde :
Pas de marque fatale sur lui,
Objet de honte pour l'humanité,
Imprimée au front par le bourreau,
Mais son air est deux fois plus sévère
Que l'air farouche d'un front marqué ;
Il est calme — mais comme le Baïkal
Avant la tempête par un jour sombre ;
Comme, lors d'une nuit sourde et sombre,
Quand la lune dort derrière les nuages,
La petite flamme luit sur la tombe, —
Ainsi brillent les yeux de l'inconnu.

---

[28] Condamné de droit commun, et marqué au fer.

Всегда дичится и молчит,
Один, как отчужденный, бродит,
Ни с кем знакомства не заводит,
На всех сурово он глядит…

В стране той хладной и дубравной
В то время жил наш Миллер славный:
В укромном домике, в тиши,
Работал для веков в глуши,
С судьбой боролся своенравной
И жажду утолял души.
Из родины своей далекой
В сей край пустынный завлечен
К познаньям страстию высокой,
Здесь наблюдал природу он.
В часы суровой непогоды
Любил рассказы стариков
Про Ермака и Козаков,
Про их отважные походы
По царству хлада и снегов.
Как часто, вышедши из дому,
Бродил по целым он часам
По океану снеговому
Или по дебрям и горам.
Следил, как солнце, яркий пламень
Разлив по тверди голубой,

Toujours il s'esquive, taciturne,
Solitaire, comme aliéné, il erre,
Et avec personne ne se lie,
Regardant tout le monde gravement…

Dans cette contrée froide et sylvestre
Vivait alors notre Müller[29] célèbre :
Dans une hutte retirée, au calme
Il œuvrait pour les siècles dans ce trou,
Luttant contre le caprice du sort
Et étanchant la soif de son âme.
Et bien loin de son pays natal
Dans cette contrée déserte attiré
Par sa soif de savoir, passionné,
Il observait ici la nature.
Lors des sévères intempéries
Il aimait écouter les vieillards
Parler de Ermak[30] et des Cosaques,
De leurs audacieuses expéditions
Dans l'empire du froid et de la neige.
Combien de fois, sortant de chez lui,
Il arpentait des heures durant
L'océan enneigé ou encore
Les montagnes et forêts touffues.
Il observait comment le soleil,
Enflammant le firmament d'azur,

---

[29] Cf. la note 23 supra.
[30] Chef cosaque conquérant de la Sibérie occidentale au 16ème siècle.

На миг за Кангалацкий камень
Уходит летнею порой.
Все для пришельца было ново:
Природы дикой красота,
Климат жестокий и суровый
И диких нравов простота.

Однажды он в мороз трескучий,
Оленя гнав с сибирским псом,
Вбежал на лыжах в лес дремучий —
И мрак и тишина кругом!
Повсюду сосны вековые
Иль кедры в инее седом;
Сплелися ветви их густые
Непроницаемым шатром.
Не видно из лесу дороги…
Чрез хворост, кочки и снега
Олень несется быстроногий,
Закинув на спину рога,
Вдали меж соснами мелькает.
Летит!.. Вдруг выстрел!.. Быстрый бег
Олень внезапно прерывает…
Вот зашатался — и на снег
Окровавленный упадает.
Смущенный Миллер робкий взор
Туда, где пал олень, бросает,
Сквозь чащу, ветви, дичь и бор,

En un éclair s'éclipsait l'été
Derrière la côte de Kangalassy[31].
Tout était nouveau pour l'arrivant :
La beauté de la nature sauvage,
Le climat rude et impitoyable,
Des mœurs sauvages la simplicité.

Un jour où il gelait à pierre fendre,
Traquant un cerf avec son chien de Sibérie,
Dans la forêt touffue il s'enfonça en skis —
Obscurité, silence tout autour !
De partout, des pins séculaires
Des cèdres couverts de givre blanc ;
Leurs branches touffues s'entrelacent
En une opaque couverture.
Nulle route visible depuis la forêt…
A travers fourrés, congères et neige
Le cerf prestement se déplace,
Rejetant ses bois sur son échine,
Au loin entre les pins il file.
Il vole !... Soudain, coup de feu !... Le cerf
Dans sa course rapide s'arrête net…
Voilà qu'il vacille — et sur la neige
Sanguinolent s'écroule.
Müller, confus, un regard craintif
Lance là où le cerf est tombé,
A travers l'épaisse végétation,

---

[31] Village sur la rive gauche de la Lena, à une quarantaine de kilomètres au nord de Iakoutsk.

И зрит: к оленю подбегает
С винтовкой длинною в руке,
Окутанный дохою черной
И в длинношерстном чебаке,
Охотник ловкий и проворный…

То ссыльный был. Угрюмый взгляд,
Вооруженье и наряд
И незнакомца вид унылый —
Все душу странника страшило.
Но, трепеща в глуши лесной
Блуждать один, путей не зная,
Преодолел он ужас свой
И быстрой полетел стрелой,
Бег к незнакомцу направляя.
«Кто б ни был ты, — он так сказал, —
Будь мне вожатым, ради бога;
Гнав зверя, я с тропы сбежал
И в глушь нечаянно попал;
Скажи, где на Якутск дорога?»
— «Она осталась за тобой,
За час отсюда, в ближнем доле;
Кругом всё дичь и лес густой,
И вряд ли до ночи глухой
Успеешь выбраться ты в поле;
Уже вечерняя пора…

Но мы вблизи заимки скудной:
Пойдем — там в юрте до утра
Ты отдохнешь с охоты трудной».

Et voit : vers le cerf accourt,
Son long fusil de chasse à la main,
Emmitouflé dans sa pelisse noire,
Coiffé de sa chapka à longs poils,
Un chasseur agile et rapide…

C'était un déporté. Le regard
Sombre, l'armement et la tenue
Et l'air de l'inconnu, sinistres —
Tout effrayait l'âme du voyageur.
Mais, tremblant d'avoir au fond des bois
A errer seul, ignorant sa route,
Il parvint à vaincre sa terreur
Et, bondissant tel une flèche véloce,
Il courut droit vers cet inconnu.
« Qui que tu sois, — telles furent ses paroles, —
Guide-moi, pour l'amour de Dieu ;
Traquant la bête, j'ai perdu la piste
Et me suis fourvoyé par mégarde ;
Dis-moi, par où va-t-on à Iakoutsk ? »
— « Le chemin est resté derrière toi,
A une heure d'ici, dans le val proche ;
Autour ce ne sont que bois touffus
Et tu as peu de chance d'arriver
Avant la nuit noire dans la plaine ;
Le soir commence déjà à tomber…

Mais nous sommes proches d'un petit abri :
Allons-y — là-bas dans la yourte jusqu'au matin
De cette chasse pénible tu te remettras ».

Они пошли. Все глуше лес,
Все реже виден свод небес...
Погасло дневное светило;
Настала ночь... Вот месяц всплыл,
И одинокий и унылый,
Дремучий лес осеребрил
И юрту путникам открыл.
Пришли — и ссыльный, торопливо
Вошед в угрюмый свой приют,
Вдруг застучал кремнем в огниво,
И искры сыпались на трут,
Мрак освещая молчаливый,
И каждый в сталь удар кремня
В углу обители пустынной
То дуло озарял ружья,
То ратовище пальмы длинной,
То саблю, то конец копья.
Глаз с незнакомца не спуская,
Близ двери Миллер перед ним,
В душе невольный страх скрывая,
Стоит и нем и недвижим...
Вот, вздув огонь, пришлец суровый
Проворно жирник засветил,
Скамью придвинул, стол сосновый
Простою скатертью накрыл
И с лаской гостя посадил.
И вот за трапезою сытной,
В хозяина вперяя взор,
Заводит странник любопытный
С ним о Сибири разговор.

Ils s'en furent. La forêt est toujours plus épaisse,
Et le firmament de moins en moins visible…
Le luminaire du jour s'est éteint ;
La nuit est tombée… Voilà la lune
Qui émerge, solitaire et blafarde,
Couvrant d'argent la forêt touffue
Et signalant la yourte aux marcheurs.
Ils sont arrivés — l'exilé vite
Dans son triste refuge est entré,
De sa pierre à feu il fait jaillir
Des étincelles sur l'amadou,
Eclairant les ténèbres silencieuses,
Et chaque coup de la pierre sur l'acier
Dans un coin de la demeure déserte
D'un fusil tantôt éclaire la bouche,
Tantôt le manche d'un long coutelas,
Tantôt un sabre ou le bout d'une lance.
Ne quittant pas des yeux l'inconnu
Près de la porte devant lui, Müller,
Refoulant sa peur involontaire,
Se tient muet et immobile…
Ayant attisé le feu, l'arrivant austère
Adroitement alluma la lampe à huile,
Rapprocha le banc, la table en pin
D'une simple nappe recouvrit
Et gentiment installa son hôte.
Alors autour d'une table bien garnie,
Les yeux rivés sur le maître des lieux,
L'explorateur curieux engage avec lui
Une causerie sur la Sibérie.

В какое ж Миллер удивленье
Был незнакомцем приведен, —
И кто бы не был поражен:
Стран европейских просвещенье
В лесах сибирских встретил он!
Покинув родину, с тоскою
Два года Миллер, как чужой,
Бродил бездомным сиротою
В стране забытой и глухой,
Но тут, в пустыне отдаленной,
Он неожиданно, в глуши,
Впервые мог тоску души
Отвесть беседой просвещенной.
При строгой важности лица,
Слова, высоких мыслей полны,
Из уст седого пришлеца
В избытке чувств текли, как волны.
В беседе долгой и живой
Глаза у обоих сверкали;
Они друг друга понимали
И, как друзья, в глуши лесной
Взаимно души открывали.
Усталый странник позабыл
И поздний час, и сон отрадный,
И, слушать незнакомца жадный,
Казалось, весь вниманье был.

Dans quel émerveillement Müller
Fut-il plongé par cet inconnu ! —
Et qui n'aurait été stupéfait :
Des pays d'Europe la culture
Dans les bois sibériens il retrouve ![32]
Ayant quitté sa patrie, triste,
Deux années durant Müller erra,
Etranger, orphelin sans foyer,
Dans un pays vide et oublié,
Mais ici, dans ce désert lointain,
Inopinément dans ces confins,
Pour la première fois, de son âme il put chasser
La tristesse grâce à cette conversation relevée.
Sur son visage grave et sévère, sortant
De la bouche de l'inconnu grisonnant,
Des paroles sublimes s'épanchaient
En vagues débordant d'émotion.
Dans cette vive et longue conversation
Leurs yeux à tous les deux pétillaient ;
Et l'un l'autre ils se comprenaient,
En amis au fond de la forêt
S'ouvrant mutuellement leur cœur.
L'explorateur fatigué oublia
Et l'heure, et le sommeil salutaire,
Et, avide d'entendre l'inconnu,
Il était visiblement tout ouïe.

---

[32] Incohérent avec ce qu'écrit A. Bestuzhev dans sa biographie de Voynarovsky (cf. supra) !

«Ты знать желаешь, добрый странник,
Кто я и как сюда попал? —
Так незнакомец продолжал: —
Того до сей поры изгнанник
Здесь никому не поверял.
Иных здесь чувств и мнений люди:
Они не поняли б меня,
И повесть мрачная моя
Не взволновала бы их груди.
Тебе же тайну вверю я
И чувства сердца обнаружу, —
Ты в родине, как должно мужу,
Наукой просветил себя.
Ты все поймешь, ты все оценишь
И несчастливцу не изменишь…

Дивись нее, странник молодой,
Как гонит смертных рок свирепый:
В одежде дикой и простой,
Узнай, сидит перед тобой
И друг и родственник Мазепы!
Я Войнаровский. Обо мне
И о судьбе моей жестокой
Ты, может быть, в родной стране
Слыхал не раз, с тоской глубокой…
Ты видишь: дик я и угрюм,
Брожу, как остов, очи впали,
И на челе бразды печали,
Как отпечаток тяжких дум,
Страдальцу вид суровый дали.

« Tu veux savoir, brave explorateur,
Qui je suis et comment je me suis
Ici retrouvé ? — et l'inconnu
Poursuivit : — A ce jour l'exilé
A personne ici ne l'a confié.
Ici on sent et pense autrement
Et les gens ne me comprendraient pas :
Le triste récit de mes malheurs
Indifférent laisserait leur cœur.
A toi je confierai mon secret
Et le fond de mon cœur t'ouvrirai, —
Toi, dans ta patrie, en homme bien né,
En étudiant tu t'es instruit.
Toi, tu saisiras, jaugeras tout,
Ne trahiras pas un malchanceux…

Admire, jeune explorateur, comment
Le sort furieux traque les mortels :
Dans des habits sauvages et grossiers,
Apprends que devant toi est assis
De Mazepa le parent, l'ami !
Je suis Voynarovsky. Et de moi,
Et de ma cruelle destinée,
Tu as, peut-être, dans ta patrie,
Plus d'une fois entendu parler
Avec affliction… Tu vois : sauvage et sombre,
Je traîne ma carcasse, les yeux renfoncés,
Et sur son front des rides de chagrin,
Par de pénibles pensées imprimées,
Donnent un air sévère au tourmenté.

Между лесов и грозных скал,
Как вечный узник, безотраден,
Я одряхлел, я одичал,
И, как климат сибирский, стал
В своей душе жесток и хладен.
Ничто меня не веселит,
Любовь и дружество мне чужды,
Печаль свинцом в душе лежит,
Ни до чего нет сердцу нужды.
Бегу, как недруг, от людей;
Я не могу снести их вида:
Их жалость о судьбе моей
Мне нестерпимая обида.
Кто брошен в дальние снега
За дело чести и отчизны,
Тому сноснее укоризны,
Чем сожаление врага.
. . . .

И ты печально не гляди,
Не изъявляй мне сожаленье,
И так жестоко не буди
В моей измученной груди
Тоски, уснувшей на мгновенье.
Признаться ль, странник: я б желал,
Чтоб люди узника чуждались,
Чтоб взгляд мой душу их смущал,
Чтобы меня средь этих скал,
Как привидения, пугались.
Ах! может быть, тогда покой

Au milieu des bois, des rocs hostiles
Prisonnier éternel, affligé,
J'ai vieilli, me suis ensauvagé,
Et, pareille au climat sibérien,
Dure et glacée s'est faite mon âme.
Rien ne me réjouit, étrangers
Me sont l'amour et l'amitié,
Un chagrin de plomb pèse sur mon âme,
A mon cœur plus rien n'est nécessaire.
Je fuis les gens, tel leur ennemi ;
Je ne peux supporter de les voir :
Les entendre déplorer mon sort
M'est une insupportable offense.
Au banni dans les neiges lointaines
Pour ses actes d'honneur et sa patrie,
Les reproches sont plus supportables
Que la compassion de l'ennemi.
…………………..

Toi non plus, m'observant chagriné,
Ne m'exprime pas de compassion,
Et avec une telle cruauté
En mon cœur fourbu n'éveille pas
La tristesse un instant endormie.
T'avouerais-je, voyageur, mon souhait :
Que les gens fuient en moi le captif,
Qu'à ma vue leur âme soit confondue,
Qu'au milieu de ces rochers de moi
Comme d'un fantôme ils s'effraient.
Ah ! peut-être bien qu'alors la paix

Сдружился бы с моей душой…
Но знал и я когда-то радость,
И от души людей любил,
И полной чашею испил
Любви и тихой дружбы сладость.
Среди родной моей земли,
На лоне счастья и свободы,
Мои младенческие годы
Ручьем игривым протекли;
Как легкий сон, как привиденье,
За ними радость на мгновенье,
А вместе с нею суеты,
Война, любовь, печаль, волненье
И пылкой юности мечты.

Враг хищных крымцев, враг поляков,
Я часто за Палеем вслед,
С ватагой храбрых гайдамаков,
Искал иль смерти, иль побед.
Бывало, кони быстроноги

Deviendrait de mon âme l'amie...
Mais moi aussi en son temps j'ai connu la joie,
Et de toute mon âme j'ai été philanthrope,
Et à pleine coupe j'ai bu le nectar
De l'amour, de la douce amitié.
Sur la terre qui m'a vu naître,
Dans le bonheur et la liberté
Les années de ma première enfance
Se sont écoulées ludiquement ;
Comme un songe aérien, comme une ombre,
Une joie fugace s'en est suivie,
Et en même temps l'agitation,
La guerre, l'amour, la peine, l'émotion
Et les rêves d'une ardente jeunesse.

Ennemi des rapaces Criméens, des Polonais,
J'ai souvent sur les pas de Paliy[33],
Avec une bande de braves gaïdamaks[34],
Cherché soit la mort, soit la victoire.
Maintes fois nos chevaux véloces,

---

[33] Semyon Paliy (1645-1710), chef de guerre cosaque : au cours d'une carrière militaire mouvementée, il tenta vainement et successivement de s'allier à Mazepa, aux Russes, aux Polonais, aux Suédois, pour établir un hetmanat sur les deux rives du Dniepr. Dénoncé et trahi par Mazepa, il fut déporté en Sibérie par Pierre le Grand, puis réhabilité par ce dernier après la disgrâce de Mazepa.
[34] Rebelles révoltés contre les Polonais contrôlant la rive droite du Dniepr après la guerre russo-polonaise de 1654-1667.

В степях и диких и глухих,
Где нет жилья, где нет дороги,
Мчат вихрем всадников лихих.
Дыша любовью к дикой воле,
Бодры и веселы без сна,
Мы воздухом питались в поле
И малой горстью толокна.
В неотразимые наезды
Нам путь указывали звезды,
Иль шумный ветер, иль курган;
И мы, как туча громовая,
Внезапно и от разных стран,
Пустыню воплем оглашая,
На вражий наезжали стан,
Дружины грозные громили,
Селения и грады в прах,
И в земли чуждые вносили
Опустошение и страх.
Враги везде от нас бежали
И, трепеща постыдных уз,
Постыдной данью покупали
У нас сомнительный союз.

Однажды, увлечен отвагой,
Я, с малочисленной ватагой
Неустрашимых удальцов,
Ударил на толпы врагов.
Бой длился до ночи. Поляки

Dans les steppes sauvages et mornes
Sans maisons ni routes, emportent,
Tels le vent, de hardis cavaliers.
Epris d'une farouche liberté,
Frais et joyeux, privés de sommeil,
Nous vivions de l'air en rase campagne
Et d'une modeste poignée de gruau.
Lors de nos raids irrésistibles
Les étoiles nous montraient le chemin,
Ou le bruit du vent, ou un kourgane[35] ;
Et nous, tels une nuée d'orage,
Par surprise et de divers côtés,
Remplissant la steppe de nos cris
Nous fondions sur le camp ennemi,
Ecrasions les troupes hostiles,
Anéantissant bourgs et villages,
Et en terre étrangère portions
La désolation et la terreur.
Devant, l'ennemi partout fuyait
Et, redoutant l'esclavage honteux,
Achetait par un tribut honteux
Une douteuse alliance avec nous.

Un jour, emporté par l'audace,
Avec une bande peu nombreuse
D'intrépides et farouches gaillards,
J'ai attaqué une foule d'ennemis.
Le combat dura jusqu'à la nuit.

---

[35] Tumulus recouvrant une sépulture.

Уже смешалися в рядах
И, строясь дале, на холмах,
Нам уступали поле драки.
Вдруг слышим крымцев дикий глас...
Поля и стонут и трясутся...
Глядим — со всех сторон на нас
Толпы враждебные несутся...
В одно мгновенье тучи стрел
В дружину нашу засвистали;
Вотще я устоять хотел, —
Враги все боле нас стесняли,
И, наконец, покинув бой,
Мы степью дикой и. пустой
Рассыпались и побежали...
Погоню слыша за собой,
И раненый и изнуренный,
Я на коне летел стрелой,
Страшася в плен попасть презренный.
Уж Крыма хищные сыны
За мною гнаться перестали;
За рубежом родной страны
Уж хутора вдали мелькали.
Уж в куренях я зрел огонь,
Уже я думал — вот примчался!
Как вдруг мой изнуренный конь
Остановился, зашатался
И близ границ страны родной
На землю грянулся со мной...

Один, вблизи степной могилы,

Les Polonais déjà s'égaillaient
Et, s'alignant plus loin, sur les buttes,
Se retiraient du champ de bataille.
Soudain nous entendons les Criméens
Hurler… La campagne gémit et tremble…
Nous regardons — de partout sur nous
Des foules ennemies se portent…
En un éclair des nuées de flèches
Sur notre troupe en sifflant s'abattent ;
Vainement voulais-je résister, —
L'ennemi nous pressait toujours plus,
Et, à la fin, quittant la bataille,
A travers la steppe sauvage et déserte
Nous nous dispersâmes et nous enfuîmes…
Entendant les gens à mes trousses,
Blessé et au bout de mes forces,
Je volais à cheval tel une flèche,
Craignant d'être honteusement capturé.
Déjà de Crimée l'engeance rapace
Avait cessé de me courser ;
Au-delà de la frontière, de ma patrie
Déjà les fermes dans le lointain se profilaient.
Déjà des huttes je voyais le feu,
Déjà, pensais-je — je suis rendu !
Lorsque soudain mon cheval fourbu
S'arrêta, se mit à chanceler
Et à la frontière de ma patrie
Sur le sol avec moi s'écroula…

Seul, près d'un tumulus de la steppe,

С конем издохнувшим своим,
Под сводом неба голубым
Лежал я мрачный и унылый.
Катился градом пот с чела,
Из раны кровь ручьем текла…
Напрасно, помощь призывай,
Я слабый голос подавал;
В степи пустынной исчезая,
Едва родясь, он умирал.

Все было тихо… Лишь могила
Уныло с ветром говорила.
И одинока и бледна,
Плыла двурогая луна
И озаряла сумрак ночи.
Я без движения лежал;
Уж я, казалось, замирал;
Уже, заглядывая в очи,
Над мною хищный вран летал…
Вдруг слышу шорох за курганом
И зрю: покрытая серпяном,
Козачка юная стоит,
Склоняясь робко надо мною,
И на меня с немой тоскою
И нежной жалостью глядит.

О незабвенное мгновенье!
Воспоминанье о тебе,
Назло враждующей судьбе,
И здесь страдальцу упоенье!

Mon cheval crevé à mes côtés,
Sous la voûte azurée du ciel
Je gisais, sombre et désespéré.
De mon front la sueur ruisselait,
De ma blessure le sang giclait…
Réclamant vainement du secours,
Ma voix affaiblie ne portait pas ;
S'éteignant dans la steppe déserte,
Elle se mourait à peine née.

Silence complet… Seul le tumulus
Tristement au vent se lamentait.
Et dans sa solitude, blafarde,
La lune faisait flotter son croissant
Et éclairait les ténèbres nocturnes.
Je restais allongé sans bouger ;
Déjà, semblait-il, je rendais l'âme ;
Déjà, me regardant dans les yeux,
Le rapace corbeau me survolait…
Soudain j'entends un bruit derrière le kourgane
Et vois : la tête couverte d'un voile de lin
Une jeune Cosaque se tient,
Timidement se penchant sur moi,
Et avec une tristesse muette
Me regarde, pleine de tendre pitié.

O toi, instant inoubliable !
Ton souvenir, allant à l'encontre
De ma malencontreuse destinée,
Ici aussi enivre le damné !

Я не забыл его с тех пор:
Я помню сладость первой встречи,
Я помню ласковые речи
И полный состраданья взор.
Я помню радость девы неясной,
Когда страдалец безнадежный
Был под хранительную сень
Снесен к отцу ее в курень.
С какой заботою ходила
Она за страждущим больным;
С каким участием живым
Мои желания ловила.
Я все утехи находил
В моей козачке черноокой;
В ее словах я негу пил
И облегчал недуг жестокий.
В часы бессонницы моей
Она, приникнув к изголовью,
Сидела с тихою любовью
И не сводя с меня очей.
В час моего успокоенья
Она ходила собирать
Степные травы и коренья,
Чтоб ими друга врачевать.
Как часто неясно и приветно
На мне прекрасный взор бродил,
И я козачку неприметно
Душою пылкой полюбил.
В своей невинности сначала
Она меня не понимала;

Je ne l'ai pas oublié depuis :
De cette première rencontre me reviennent
La douceur, les caressantes paroles,
Et ce regard plein de compassion.
Je me rappelle la joie de la vierge
Confuse, quand le blessé sans espoir
Sous le toit protecteur de la hutte
Paternelle a été transporté,
Avec quelle sollicitude
Elle s'occupait du malade souffrant ;
Avec quel zèle attentionné
Elle anticipait mes désirs.
J'ai connu toutes les consolations
Auprès de ma Cosaque aux yeux noirs ;
Je buvais ses paroles délicieuses,
Allégeant ma cruelle affliction.
Pendant les heures de mes insomnies,
Se blottissant contre mon chevet,
Assise silencieuse et affectueuse,
Elle ne me quittait pas des yeux.
Lors de mes moments d'apaisement
Elle partait à la cueillette
Des herbes et des racines de la steppe
Pour soigner avec elles son ami.
Que de fois, confus et avenant,
Son magnifique regard m'a toisé,
Et moi, petit à petit, de la Cosaque
Je me suis retrouvé follement amoureux.
En son innocence, au début
La jeune fille ne me comprenait pas ;

Я тосковал, кипела кровь!
Но скоро пылкая любовь
И в милой деве запылала…
Настала счастия пора!
Подругой юной исцеленный,
С душой, любовью упоенной,
Я обновленный встал с одра.
Недолго мы любовь таили,
Мы скоро жар сердец своих
Ее родителям открыли
И на союз сердец просили
Благословения у них.
Три года молнией промчались
Под кровом хижины простой;
С моей подругой молодой
Ни разу мы не разлучались.
Среди пустынь, среди степей,
В кругу резвящихся детей,
На мирном лоне сладострастья,
С козачкой милою моей
Вполне узнал я цену счастья.
Угрюмый гетман нас любил,
Как дед, дарил малюток милых
И, наконец, из мест унылых
В Батурин нас переманил.

Все шло обычной чередой.
Я счастлив был; но вдруг покой

Je me languissais, mon sang bouillait !
Mais bientôt une ardente passion
Chez la douce vierge aussi flamba...
Ce fut la période du bonheur !
Guéri par ma jeune compagne,
Avec l'âme d'amour enivrée,
De mon lit je sortis requinqué.
Nous cachâmes peu longtemps notre amour,
La passion de nos cœurs bien vite
A ses parents nous révélâmes
Et de bénir leur demandâmes
Le rapprochement de nos deux cœurs.
Trois années comme l'éclair passèrent
Sous le toit de la modeste chaumière ;
Et avec ma jeune compagne
Pas une seule fois nous ne nous quittâmes.
Au milieu des déserts et des steppes,
Entourés de nos enfants espiègles,
Au sein d'une paisible félicité,
Avec ma chère petite Cosaque
J'ai pleinement apprécié le bonheur.
L'hetman bourru nous affectionnait,
En grand-père il gâtait les bambins
Et, à la fin, de ces lieux lugubres
Il nous transporta à Batouryn[36].

Tout suivait son cours habituel.
J'étais heureux ; mais soudainement

---

[36] Cf. la note 6 supra.

И счастие мое сокрылось:
Нагрянул Карл на Русь войной —
Все на Украине ополчилось,
С весельем все летят на бой;
Лишь только мраком и тоской
Чело Мазепы обложилось.
Из-под бровей нависших стал
Сверкать какой-то пламень дикий;
Угрюмый с нами, он молчал
И равнодушнее внимал
Полков приветственные клики.

Вину таинственной тоски
Вотще я разгадать старался, —
Мазепа ото всех скрывался,
Молчал — и собирал полки.
Однажды позднею порою
Он в свой дворец меня призвал.
Вхожу — и слышу: «Я желал
Давно беседовать с тобою;
Давно хотел открыться я
И важную поверить тайну;
Но наперед заверь меня,
Что ты, при случае, себя
Не пожалеешь за Украину».
«Готов все жертвы я принесть, —
Воскликнул я, — стране родимой;
Отдам детей с женой любимой;
Себе одну оставлю честь».
Глаза Мазепы засверкали,

Ma paix et mon bonheur s'en furent :
Charles s'attaqua à la Russie —
L'Ukraine tout entière prit les armes,
Tous avec joie courent au combat ;
Mais le front de Mazepa ne fit
Que se couvrir d'ombre et de tristesse.
De dessous ses sourcils en broussaille
S'alluma comme une flamme sauvage ;
Maussade avec nous, il se taisait,
Avec indifférence écoutant
Des régiments les acclamations.

J'essayais en vain de deviner
Les raisons de cette secrète tristesse, —
Mazepa devant tous se cachait,
Se taisait — et rassemblait des troupes.
Un jour, alors qu'il se faisait tard,
Il me convoqua à son palais.
J'entre — et il me dit — « J'ai désiré
Depuis longtemps causer avec toi,
Depuis longtemps me confier à toi
Et te révéler un lourd secret ;
Mais pour commencer assure-moi
Que le cas échéant pour l'Ukraine
Ta vie tu ne ménageras pas ».
« Pour mon pays natal, — m'écriai-je, —
Je suis prêt à tout sacrifier,
Mes enfants et ma femme bien-aimée ;
Et l'honneur seul je me garderai ».
Les yeux de Mazepa brillèrent,

Как пред рассветом ночи мгла,
С его угрюмого чела
Сбежало облако печали.
Сжав руку мне, он продолжал:
«Я зрю в тебе Украины сына;
Давно прямого гражданина
Я в Войнаровском угадал.
Я не люблю сердец холодных:
Они враги родной стране,
Враги священной старине, —
Ничто им бремя бед народных.
Им чувств высоких не дано,
В них нет огня душевной силы,
От колыбели до могилы
Им пресмыкаться суждено.
Ты не таков, я это вижу;
Но чувств твоих я не унижу,
Сказав, что родину мою
Я более, чем ты, люблю.
Как должно юному герою,
Любя страну своих отцов,
Женой, детями и собою
Ты ей пожертвовать готов…
Но я, но я, пылая местью,
Ее спасая от оков,
Я жертвовать готов ей честью.
Но к тайне приступить пора.
Я чту Великого Петра;
Но — покорялся судьбине,
Узнай: я враг ему отныне!..

Comme la brume nocturne au point du jour,
De son front morose et sombre
Disparut le nuage de souffrance.
Me serrant la main, il poursuivit :
« Je vois en toi un fils de l'Ukraine ;
Depuis longtemps en Voynarovsky
Un vrai citoyen j'ai deviné.
Je n'aime pas les cœurs tièdes :
Ils sont ennemis de la patrie,
Ennemis de notre histoire sacrée, —
Peu leur chaut les malheurs nationaux.
Aux sentiments nobles ils sont fermés,
En eux ne brûle pas la force d'âme,
De leur berceau jusqu'à leur tombe
Ils sont condamnés à se traîner.
Tu n'es pas de ceux-là, je le vois ;
Je ne rabaisse pas tes sentiments,
Cependant, disant que ma patrie,
Je l'aime davantage que toi.
Comme il sied à un jeune héros
Aimant le pays de ses pères,
Ta femme, tes enfants et toi-même,
Tu es prêt à les lui sacrifier...
Mais moi, mais moi, brûlant de vengeance,
Le sauvant de ses chaînes, je suis prêt
A lui sacrifier mon honneur.
Mais venons-en enfin au secret.
J'ai du respect pour Pierre le Grand ;
Mais — obéissant au destin, je suis,
Sache-le : désormais son ennemi !...

Шаг этот дерзок, знаю я;
От случая всему решенье,
Успех не верен, — и меня
Иль слава ждет, иль поношенье!
Но я решился: пусть судьба
Грозит стране родной злосчастьем, —
Уж близок час, близка борьба,
Борьба свободы с самовластьем!»
Началом бед моих была
Сия беседа роковая!
С тех пор пора утех пропила,
С тех пор, о родина святая,
Лишь ты всю душу заняла!
Мазепе предался я слепо,
И, друг отчизны, друг добра,
Я поклялся враждой свирепой
Против Великого Петра.
Ах, может, был я в заблужденье,
Кипящей ревностью горя;
Но я в слепом ожесточенье
Тираном почитал царя…
Быть может, увлеченный страстью,
Не мог я цену дать ему
И относил то к самовластью,
Что свет отнес к его уму.
Судьбе враждующей послушен,
Переношу я жребий свой,
Но, ах! вдали страны родной,
Могу ль всегда быть равнодушен?
Рожденный с пылкою душой,

Ce pas est audacieux, je le sais ;
Le hasard de tout va décider,
Le succès n'est pas acquis, — pour moi
C'est soit la gloire, soit l'opprobre !
Mais ma décision est prise : même si
Un sort fatal menace la patrie, —
Le temps est venu, la lutte est proche,
La liberté contre l'autocratie ! »
Le commencement de mes malheurs
Fut dans cet entretien funeste !
Désormais, mes joies disparurent,
Désormais, ô ma patrie sacrée,
Toi seule monopolisas mon âme !
En aveugle j'ai suivi Mazepa,
Et, en tant qu'ami de la patrie
Et du bien, de haïr furieusement
Pierre le Grand je fis le serment.
Las, peut-être étais-je dans l'illusion,
Embrasé par un zèle fervent ;
Mais, par un aveugle acharnement,
Je voyais dans le Tsar un tyran…
Peut-être, entraîné par la passion,
N'ai-je pu l'estimer convenablement,
Et ai-je pris pour de l'autocratie
Ce qu'on reconnut comme du talent.
Assumant mon destin hostile,
Je supporte le fardeau de mon sort,
Mais, hélas ! si loin de ma patrie,
Puis-je toujours être d'humeur égale ?
Né doté d'une âme ardente,

Полезным быть родному краю,
С надеждой славиться войной,
Я бесполезно изываю
В стране пустынной и чужой.
Как тень, везде тоска за мною,
Уж гаснет огнь моих очей.
И таю я, как лед весною
От распаляющих лучей.
Душе честолюбивой бремя
Вести с бездействием борьбу;
Но как ужасно знать до время
Свою ужасную судьбу!
Судьбу — всю жизнь влача в кручине,
Тая тоску в душе своей,
Зреть гроб в безбрежной сей пустыне,
Далёко от родных степей...
Почто, почто в битве кровавой,
Летая гордо на коне,
Не встретил смерти под Полтавой?
Почто с бесславием иль славой
Я не погиб в родной стране?
Увы! умру в сем царстве ночи!
Мне так сулил жестокий рок;

Pour être utile à ma patrie,
Espérant la gloire grâce à la guerre,
Je dépéris inutilement
Dans un pays vide et étranger.
Tel mon ombre, l'ennui toujours me suit,
Déjà s'éteint la flamme dans mes yeux.
Et je fonds, comme la glace au printemps
Sous l'effet des rayons qui l'échauffent.
C'est un poids pour une âme ambitieuse
Que de lutter contre l'inaction ;
Mais qu'il est horrible avant l'heure
De connaître son horrible destinée !
Sa destinée — traînant affligé
Toute sa vie, cachant ses états d'âme,
Contempler sa tombe dans ce désert
Immense, loin de ses steppes natales…
Pourquoi, pourquoi dans cette lutte sanglante,
Volant fièrement sur mon cheval,
Ne suis-je pas tombé à Poltava[37] ?
Pourquoi donc, avec ou sans gloire,
N'ai-je péri dans mon pays natal ?
Hélas ! Je mourrai dans cet empire
De la nuit ! Tel est mon cruel destin ;

---

[37] La bataille de Poltava, ville située à environ 300 kilomètres au sud-est de Kiev, opposa en 1709 l'armée de Pierre le Grand à celle de Charles XII, soutenue par une partie des Cosaques de Mazepa. La victoire écrasante des Russes mit un point d'arrêt aux prétentions de la Suède en tant que puissance militaire européenne.

Умру я — и чужой песок
Изгнанника засыплет очи!»

Je mourrai — et un sable étranger
Du banni recouvrira les yeux ! »

ЧАСТЬ ВТОРАЯ

Уж было ясно и светло,
Мороз стрелял в глуши дубравы,
По небу серому текло
Светило дня, как шар кровавый.
Но в юрту день не проникал;
Скользя сквозь ветви древ густые,
Едва на окна ледяные
Луч одинокий ударял.
Знакомцы новые сидели
Уже давно пред очагом;
Дрова сосновые дотлели,
Лишь угли красные блестели
Порою синим огоньком.
Недвижно добрый странник внемлет
Страдальца горестный рассказ,
И часто гнев его объемлет
Иль слезы падают из глаз…
«Видал ли ты, когда весной,
Освобожденная из плена,
В брегах крутых несется Лена,
Когда, гоня волну волной
И разрушая все преграды,
Ломает льдистые громады
Иль, поднимая дикий вой,

DEUXIEME PARTIE

Il se faisait déjà jour et clair,
La glace craquait au fond des bois,
Sur le ciel grisâtre l'astre du jour
Glissait, pareil à un globe sanglant.
Mais dans la yourte le jour n'entrait pas ;
Filtrant à travers les denses branchages,
A peine un maigre rayon percutait
Les vitres couvertes de givre.
Les nouveaux compères étaient assis
Depuis longtemps déjà face au feu ;
Les bûches de pin étaient consumées,
Seules leurs braises rouges étincelaient
De temps à autre d'un éclat bleuté.
Immobile, le brave explorateur
Du damné écoute l'amer récit,
Et souvent la colère l'envahit
Ou bien les larmes lui coulent des yeux…
« As-tu déjà vu, lors du printemps,
Libérée de son emprisonnement,
La Lena entre ses berges escarpées
Se déchaîner, vague après vague
Disloquant tous les obstacles,
Et briser les amas de glace
Ou, engageant un sauvage combat,

Клубится и бугры вздымает,
Утесы с ревом отторгает
И их уносит за собой,
Шумя, в неведомые степи?
Так мы, свои разрушив цепи,
На глас отчизны и вождей,
Ниспровергая все препоны,
Помчались защищать законы
Среди отеческих степей.
Летая за гремящей славой,
Я жизни юной не щадил,
Я степи кровью обагрил
И свой булат в войне кровавой
О кости русских притупил.

Мазепа с северным героем
Давал в Украине бой за боем.
Дымились кровию поля,
Тела разбросанные гнили,
Их псы и волки теребили;
Казалась трупом вся земля!
Но все усилья тщетны были:
Их ум Петров преодолел;
Час битвы роковой приспел —
И мы отчизну погубили!
Полтавский гром загрохотал…
Но в грозной битве Карл свирепый
Против Петра не устоял!
Разбит, впервые он бежал;
Вослед ему — и мы с Мазепой.

Tourbillonner et cabrer ses flots,
Arracher en rugissant ses berges
Et les emporter dans son sillage,
Grondant, vers des steppes inconnues ?
De même nous, brisant nos chaînes,
A l'appel de la patrie, des chefs,
Renversant tout ce qui fait obstacle,
Nous courûmes défendre le droit
Au milieu des steppes de nos pères.
Poursuivant une gloire retentissante,
Je n'ai pas épargné ma jeunesse,
De mon sang j'ai maculé les steppes,
Sur les os russes dans la guerre sanglante
J'ai émoussé mon cimeterre.

Mazepa avec le preux nordique
En Ukraine bataillait ferme.
Toute la campagne de sang fumait,
Les corps éparpillés pourrissaient,
Les chiens et les loups les dépeçaient ;
La terre entière était cadavre !
Mais tous nos efforts furent inutiles :
L'intelligence de Pierre les vainquit ;
Vint l'heure de la bataille décisive —
Et nous ruinâmes notre patrie !
Le tonnerre de Poltava gronda...
Mais dans ce choc terrible, Charles furieux
Contre Pierre ne fit pas le poids !
Défait, le premier il prit la fuite ;
A sa suite — nous avec Mazepa.

Почти без отдыха пять дней
Бежали мы среди степей,
Бояся вражеской погони;
Уже измученные кони
Служить отказывались нам.
Дрожа от стужи по ночам,
Изнемогая в день от зноя,
Едва сидели мы верхом…
Однажды в полночь под леском
Мы для минутного покоя
Остановились за Днепром.
Вокруг синела степь глухая,
Луну затмили облака,
И, тишину перерывая,
Шумела в берегах река.
На войлоке простом и грубом,
Главою на седло склонен,
Усталый Карл дремал под дубом,
Толпами ратных окружен.
Мазепа пред костром сосновым,
Вдали, на почерневшем пне,
Сидел в глубокой тишине
И с видом мрачным и суровым,
Как другу, открывался мне:
«О, как неверны наши блага!
О, как подвластны мы судьбе!
Вотще в душах кипит отвага:
Уже настал конец борьбе.
Одно мгновенье все решило,
Одно мгновенье погубило

Presque cinq jours durant sans souffler
Nous avons fui au milieu des steppes,
Craignant la poursuite de l'ennemi ;
Déjà les chevaux exténués
Nous refusaient obéissance.
Tremblant du froid glacial la nuit,
N'en pouvant plus de chaleur le jour,
A peine pouvions-nous chevaucher…
Une fois à minuit près d'un bosquet,
Pour nous reposer une minute,
Au-delà du Dniepr nous fîmes halte.
Tout autour bleuissait la morne steppe,
Les nuages occultaient la lune,
Et, rompant la quiétude des lieux,
Le fleuve grondait entre ses berges.
Sur un simple feutre grossier,
La tête appuyée sur sa selle, Charles,
Fatigué, sommeillait sous un chêne,
Entouré d'une foule de guerriers.
Mazepa devant un feu de bois,
Plus loin, sur une souche noircie
Dans un profond silence assis,
Avec un air sombre et sévère,
Comme à un ami me confessait :
« Oh, que notre fortune est précaire !
Oh, que nous dépendons de notre sort !
En vain notre âme bout-elle de courage :
De notre lutte c'est déjà la fin.
Un seul instant a tout décidé,
Un seul instant a fait disparaître

Навек страны моей родной
Надежду, счастье и покой...
Но мне ли духом унижаться?
Не буду рока я рабом;
Мазепе ль с роком не сражаться,
Когда сражался я с Петром?
Так, Войнаровский, испытаю,
Покуда длится жизнь моя,
Все способы, все средства я,
Чтобы помочь родному краю.
Спокоен я в душе своей:
И Петр и я — мы оба правы;
Как он, и я живу для славы,
Для пользы родины моей».

Замолкнул он; глаза сверкали;
Дивился я его уму.
Дрова, треща, уж догорали.
Мазепа лег, но вдруг к нему
Двух пленных козаки примчали.
Облокотяся, вождь седой,
Волнуем тайно мрачной думой,
Спросил, взглянув на них угрюмо:
«Что нового в стране родной?»

«Я из Батурина недавно, —
Один из пленных отвечал, —
Народ Петра благословлял
И, радуясь победе славной,
На стогнах шумно пировал.

A jamais dans mon pays natal
L'espérance, le bonheur et la paix…
Mais devrais-je pour autant m'abaisser ?
Du sort je ne serai point l'esclave ;
Mazepa ne peut-il l'affronter,
Alors qu'il a affronté Pierre ?
Oui, je vais tenter, Voynarovsky,
Tant que je me maintiendrai en vie,
De toutes les façons, par tous moyens
De venir en aide à ma patrie.
J'ai la conscience tranquille : Pierre
Et moi — tous deux nous avons raison ;
Comme lui, je vis aussi pour la gloire,
Pour être utile à ma patrie ».

Il se tut ; ses yeux étincelaient ;
J'admirais son intelligence.
Les bûches crépitant se consumaient.
Mazepa se coucha, mais soudain
Les Cosaques lui amenèrent deux captifs.
S'appuyant sur ses coudes, le chef grisonnant,
Alors que nous tremblons en notre for intérieur,
Leur demanda, le regard sombre :
« Qu'y a-t-il de neuf dans ma patrie ? »

« J'étais à Batouryn il y a peu, —
Répondit l'un des deux prisonniers, —
La population bénissait Pierre
Et, par sa glorieuse victoire réjouie,
En liesse festoyait bruyamment.

Тебя ж, Мазепа, как Иуду,
Клянут украинцы повсюду;
Дворец твой, взятый на копье,
Был предан нам на расхищенье,
И имя славное твое
Теперь — и брань и поношенье!»

В ответ, склонив на грудь главу,
Мазепа горько улыбнулся;
Прилег, безмолвный, на траву
И в плащ широкий завернулся.
Мы все с участием живым,
За гетмана пылая местью,
Стояли молча перед ним,
Поражены ужасной вестью.
Он приковал к себе сердца:
Мы в нем главу народа чтили,
Мы обожали в нем отца,
Мы в нем отечество любили.
Не знаю я, хотел ли он
Спасти от бед народ Украины
Иль в ней себе воздвигнуть трон, —
Мне гетман не открыл сей тайны.
Ко нраву хитрого вождя
Успел я в десять лет привыкнуть;
Но никогда не в силах я
Был замыслов его проникнуть.
Он скрытен был от юных дней,
И, странник, повторю: не знаю,
Что в глубине души своей

Et toi, Mazepa, les Ukrainiens
Comme un Juif partout te maudissent ;
Ton palais, conquis au bout des piques,
Nous a été livré en butin,
Et ton nom glorieux est à présent —
L'objet d'injures et d'opprobre ! »

En réponse, inclinant la tête,
Mazepa eut un sourire amer,
S'allongea, silencieux, sur l'herbe
Et s'enveloppa de son ample cape.
Nous tous, pleins de vive sympathie,
Brûlant de vengeance pour l'hetman,
Nous étions silencieux devant lui,
Choqués par la terrible nouvelle.
Nos cœurs lui étaient assujettis :
Nous l'honorions comme guide du peuple,
Nous le révérions comme un père,
En lui nous aimions notre patrie.
Je ne sais pas, voulait-il sauver
Du malheur le peuple d'Ukraine
Ou y élever un trône pour lui, —
L'hetman ne me l'a pas révélé.
Au caractère du rusé chef
En dix ans j'avais pu m'habituer ;
Mais jamais je n'ai été capable
De pénétrer ses intentions.
Il était secret dès sa jeunesse,
Et, voyageur, je te le répète :
Je ne sais ce qu'au fond de son cœur,

Готовил он родному краю.
Но знаю то, что, затая
Любовь, родство и глас природы,
Его сразил бы первый я,
Когда б он стал врагом свободы.
С рассветом дня мы снова в путь
Помчались по степи унылой.
Как тяжко взволновалась грудь,
Как сердце юное заныло,
Когда рубеж страны родной
Узрели мы перед собой!

В волненье чувств, тоской томимый,
Я, как ребенок, зарыдал
И, взявши горсть земли родимой,
К кресту с молитвой привязал.
«Быть может, — думал я, рыдая, —
Украины мне уж не видать!
Хоть ты, земля родного края,
Меня в чужбине утешая,
От грусти будешь врачевать,
Отчизну мне напоминая…»
Увы! предчувствие сбылось:
Судьбы веленьем самовластной
С тех пор на родине прекрасной
Мне побывать не довелось…

В стране глухой, в стране безводной,
Где только изредка ковыль
По степи стелется бесплодной,

Il échafaudait pour sa patrie.
Mais je sais une chose, c'est qu'ignorant
Mon affection et les liens du sang
J'eusse été le premier à l'abattre
S'il avait bravé la liberté.
A l'aube, nous partîmes à nouveau
Au galop par la morne steppe.
Quelle peine souleva nos poitrines,
Quel abattement saisit nos jeunes cœurs
Lorsque devant nous nous aperçûmes
De notre patrie la frontière !

Dans l'émotion, en proie au chagrin,
J'ai sangloté tout comme un bambin
Et, prenant de ma terre natale une poignée,
Tout en priant, à ma croix je l'ai attachée.
« Peut-être, — ai-je pensé en sanglotant, —
Ne reverrai-je plus l'Ukraine !
Toi au moins, terre de mon pays natal,
En me consolant à l'étranger,
A ma tristesse tu seras remède
En me remémorant ma patrie… »
Hélas ! Mon pressentiment s'est réalisé :
Par l'arrêt d'un despotique destin,
Ma splendide patrie, depuis ce temps,
Je n'ai pas réussi à revoir…

Dans ce morne pays, dans ce pays aride,
Où seule de temps en temps l'herbe à plumes
Tapisse la steppe stérile,

Мы мчались, поднимая пыль.
Коней мы вовсе изнурили,
Страдал увенчанный беглец,
И с горстью шведов наконец
В Бендеры к туркам мы вступили.
Тут в страшный недуг гетман впал;
Он непрестанно трепетал,
И, взгляд кругом бросая быстрый,
Меня и Орлика он звал
И, задыхаясь, уверял,
Что Кочубея видит с Искрой.

«Вот, вот они!.. При них палач! —
Он говорил, дрожа от страху: —
Вот их взвели уже на плаху,
Кругом стенания и плач...
Готов уж исполнитель муки;
Вот засучил он рукава,
Вот взял уже секиру в руки...
Вот покатилась голова...
И вот другая!.. Все трепещут!
Смотри, как страшно очи блещут!..»

То в ужасе порой с одра

Nous galopions, soulevant la poussière.
Nous exténuâmes nos chevaux,
Le fugitif couronné souffrait,
Et enfin avec une poignée de Suédois
À Bender[38] chez les Turcs nous nous réfugiâmes.
Là un mal terrible frappa l'hetman ;
Il n'arrêtait pas de trembloter,
Et, jetant de rapides regards autour de soi,
Il nous commanda de venir, Orlik[39] et moi ;
Haletant, il était convaincu
De voir Kotchoubeï avec Iskra.

« Ce sont eux, oui !... Avec un bourreau ! —
Disait-il en tremblant de terreur : —
Déjà on les monte sur l'échafaud,
Autour, ce sont gémissements et pleurs…
Il est déjà prêt, l'exécuteur ;
Voici qu'il a relevé ses manches,
Et déjà en main il tient sa hache…
Voici qu'une tête est tombée…
Et voici la seconde !... Tous tremblent !
Vois de leurs yeux l'effrayant éclat !... »

Tantôt, dans sa terreur, de son lit

---

[38] Ville de Bessarabie, aujourd'hui contrôlée par la Transnistrie, région séparatiste de la République moldave.
[39] Chancelier de l'Hetmanat, Pylyp Orlik (1672-1742) dut s'exiler avec Mazepa après la défaite de Poltava en 1709.

Бросался он в мои объятья:
«Я вижу грозного Петра!
Я слышу страшные проклятья!
Смотри: блестит свечами храм,
С кадильниц вьется фимиам…
Митрополит, грозящий взором,
Так возглашает с громким хором:
«Мазепа проклят в род и род:
Он погубить хотел народ!»

То, трепеща и цепенея,
Он часто зрел в глухую ночь
Жену страдальца Кочубея
И обольщенную их дочь.
В страданьях сих изнемогая,
Молитву громко он читал,
То горько плакал и рыдал,
То, дикий взгляд на всех бросая,
Он, как безумный, хохотал.
То, в память приходя порою,
Он очи, полные тоскою,
На нас уныло устремлял.

В девятый день приметно стало
Страдальцу под вечер трудней;
Изнеможенный и усталый,
Дышал он реже и слабей;
Томим болезнию своей,
Хотел он скрыть, казалось, муку…
К нему я бросился, взял руку, —

Il se précipitait dans mes bras :
« Je vois le redoutable Pierre !
J'entends d'horribles malédictions !
Vois : les cierges brillent dans l'église,
L'encens tourbillonne des encensoirs...
Le métropolite, l'air menaçant,
Annonce en un chœur retentissant :
« Mazepa à jamais est maudit :
Du peuple il a voulu la ruine ! »

Tantôt, tremblant et glacé d'effroi,
Il voyait souvent dans la nuit sourde
La femme du malheureux Kotchoubeï
Et leur fille qu'il avait séduite.
N'en pouvant plus de ces souffrances,
Il lisait ses prières à voix haute,
Tantôt il sanglotait amèrement,
Tantôt, lançant à tous des regards
Farouches, il riait tel un dément.
Tantôt, revenant parfois à lui,
De ses yeux remplis de tristesse
Il nous fixait, mélancolique.

Au neuvième jour manifestement
Du malade l'état vers le soir
S'aggrava ; épuisé, fatigué,
Son souffle se faisait plus rare, plus faible ;
Torturé par son mal, il voulait,
Semble-t-il, cacher sa souffrance...
J'ai couru à lui, ai pris sa main, —

Увы! она уже была
И холодна и тяжела!
Глаза, остановись, смотрели,
Пот проступал, он отходил...
Но вдруг, собрав остаток сил,
Он приподнялся на постели
И, бросив пылкий взгляд на нас:
«О Петр! О родина!» — воскликнул.
Но с сим в страдальце замер глас,
Он вновь упал, главой поникнул,
В меня недвижный взор вперил
И вздох последний испустил...
Без слез, без чувств, как мрамор хладный,
Перед умершим я стоял.
Я ум и память потерял,
Убитый грустью безотрадной...

День грустных похорон настал:
Сам Карл, и мрачный и унылый,
Вождя Украины до могилы
С дружиной шведов провожал.
Козак и швед равно рыдали;
Я шел, как тень, в кругу друзей.
О странник! Все предузнавали,
Что мы с Мазепой погребали
Свободу родины своей.
Увы! последний долг герою
Чрез силу я отдать успел.
В тот самый день внезапно мною
Недуг жестокий овладел.

Hélas ! celle-ci était déjà
Toute froide, et lourde à la fois !
Son regard était fixe, sur son front
La sueur perlait, il s'en allait…
Mais soudain, de ses forces rassemblant
Le reste, sur sa couche il se souleva
Et, nous jetant un regard ardent :
« O Pierre ! O ma patrie ! » — s'écria-t-il.
Mais là-dessus sa voix s'étouffa,
Il retomba, sa tête s'inclina,
Sur moi son regard fixe il braqua,
Et il rendit son dernier soupir…
Sans larmes, apathique, je me tenais
Froid comme le marbre devant le mort.
J'avais perdu conscience et mémoire,
Par une morne tristesse anéanti…

Vint le jour des tristes funérailles :
Charles en personne, sombre et abattu,
Avec une escouade de Suédois
Au tombeau conduisit le chef de l'Ukraine.
Le Cosaque comme le Suédois sanglotaient ;
Tel une ombre, je marchais avec ses amis.
O voyageur ! Tous se rendaient compte
Qu'avec Mazepa nous enterrions
La liberté de notre patrie.
Las ! de ma dernière dette au héros,
Avec effort j'ai pu m'acquitter.
Ce jour même, subitement, de moi
Une sévère maladie s'empara.

Я был уж на краю могилы;
Но жизнь во мне зажглась опять,
Мои возобновились силы,
И снова начал я страдать.
Бендеры мне противны стали,
Я их покинул и летел
От земляков в чужой предел,
Рассеять мрак своей печали.
Но, ах, напрасно! Рок за мной
С неотразимою бедой,
Как дух враждующий, стремился:
Я схвачен был толпой врагов —
И в вечной ссылке очутился
Среди пустынных сих лесов…

Уж много лет прошло в изгнанье.
В глухой и дикой стороне
Спасение и упованье
Была святая вера мне.

Я привыкал к несчастной доле;
Лишь об Украине и родных,
Украдкой от врагов моих,
Грустил я часто поневоле.
Что сталось с родиной моей?
Кого в Петре — врага иль друга
Она нашла в беде своей?
Где слезы льет моя подруга?
Увижу ль я своих друзей?..
Так я души покой минутный

J'étais déjà au bord de la tombe ;
Mais la vie en moi se ralluma,
Mes forces se régénérèrent,
Et je recommençai à souffrir.
Bender me devint répugnante,
Je la quittai, délaissant mes compatriotes
Pour m'envoler vers des contrées étrangères
Et me distraire de mon noir chagrin.
Hélas, en vain ! Le sort contre moi,
Avec ses coups inéluctables,
Tel un esprit hostile, s'acharnait :
Capturé par une foule d'ennemis —
Banni éternel, je débarquai
Au milieu de ces forêts désertes...

Beaucoup d'années ont déjà passé
Dans cet exil. En cette contrée
Morne et sauvage, ma sainte foi
Salut et espérance fut pour moi.

Je me faisais à mon infortune ;
Seules l'Ukraine et ma famille,
Sans que mes ennemis ne le sachent,
Fréquemment me manquaient malgré moi.
Qu'était-il advenu de mon pays ?
Dans son malheur, en Pierre trouva-t-il —
Un ennemi ou bien un ami ?
Où ma compagne verse-t-elle ses larmes ?
Reverrai-je un jour mes amis ?...
Ainsi dans mon exil troublais-je

В своем изгнанье возмущал
И от тоски и думы смутной,
Покинув город бесприютный,
В леса и дебри убегал.
В моей тоске, в моем несчастье,
Мне был отраден шум лесов,
Отрадно было мне ненастье,
И вой грозы, и плеск валов.
Во время бури заглушала
Борьба стихий борьбу души;
Она мне силы возвращала,
И на мгновение, в глуши,
Душа страдать переставала.

Раз у якутской юрты я
Стоял под сосной одинокой;
Буран шумел вокруг меня,
И свирепел мороз жестокой;
Передо мной скалы и лес
Грядой тянулися безбрежной;
Вдали, как море, с степью снежной
Сливался темный свод небес.
От юрты вдаль тальник кудрявый
Под снегом стлался, между гор
В боку был виден черный бор
И берег Лены величавый.
Вдруг вижу: женщина идет,
Дохой убогою прикрыта,
И связку дров едва несет,
Работой и тоской убита.

La paix fugace de mon âme
Et, à force de languir tristement,
Abandonnant la ville hostile,
Au fond des bois je me réfugiai.
Dans ma nostalgie, dans mon malheur,
Le vacarme des bois me consolait,
Les intempéries me consolaient,
Et le hurlement de l'orage et les averses.
Pendant la tempête le tumulte des éléments
Couvrait le tumulte de mon âme ;
Il me rendait alors des forces,
Et l'espace d'un instant, dans ce trou,
Mon âme s'arrêtait de souffrir.

Une fois près d'une yourte iakoute
Je me retrouvai, sous un pin solitaire ;
La tempête de neige de son vacarme m'entourait,
Et un gel féroce sévissait ;
Devant moi, des rochers et des arbres
A l'infini s'alignaient ; au loin,
Comme la mer, la sombre voûte céleste
Se joignait à la steppe enneigée.
Loin de la yourte, un saule tortueux
Ployait sous la neige, entre les monts
Sur le côté on distinguait une forêt noire
Et de la Lena la berge majestueuse.
Soudain je vois : une femme s'avance,
Couverte d'une pauvre pelisse,
Portant péniblement un fagot,
Ereintée par l'effort et la peine.

Я к ней, и что же?.. Узнаю
В несчастной сей, в мороз и вьюгу,
Козачку юную мою,
Мою прекрасную подругу!..

Узнав об участи моей,
Она из родины своей
Пошла искать меня в изгнанье.
О странник! Тяжко было ей
Не разделять со мной страданье.
Встречала много на пути
Она страдальцев знаменитых,
Но не могла меня найти:
Увы! я здесь в числе забытых.
Закон велит молчать, кто я,
Начальник сам того не знает.
Об том и спрашивать меня
Никто в Якутске не дерзает.

И добрая моя жена,
Судьбой гонимая жестокой,
Была блуждать осуждена,
Тая тоску в душе высокой.

Ах, говорить ли, странник мой,
Тебе об радости печальной
При встрече с доброю женой
В стране глухой, в стране сей дальней?
Я ожил с нею; но детей
Я не нашел уже при ней.

Je vais vers elle, et que vois-je alors ?...
En cette malheureuse je reconnais,
Dans le froid et la tourmente, ma jeune
Cosaque, ma ravissante compagne !...

Ayant su ce qui m'est arrivé,
Quittant sa patrie, elle est partie
A ma recherche au pays de l'exil.
O voyageur ! C'était dur pour elle
De ne pas partager mes souffrances.
En chemin elle rencontra beaucoup
De persécutés au nom illustre,
Mais ne put me retrouver : ici,
Hélas ! je suis au nombre des oubliés.
La loi commande de taire qui je suis,
Le chef lui-même ne le sait pas.
Quant à me questionner moi-même
Personne à Iakoutsk ne s'y hasarde.

C'est ainsi que ma brave femme,
Poursuivie par un cruel destin,
Fut condamnée à errer, cachant
En son noble cœur sa tristesse.

Ah, cher voyageur, dois-je te dire
Quelle fut ma douloureuse joie
En rencontrant ma brave femme
Dans ce morne, et lointain pays ?
Avec elle je retrouvais la vie,
Toutefois, c'était sans mes enfants.

Отца и матери страданья
Им не судил узнать творец;
Они, не зрев страны изгнанья,
Вкусили радостный конец.

С моей подругой возвратилось
Душе спокойствие опять:
Мне будто легче становилось;
Я начал реже тосковать.
Но, ах! не долго счастье длилось,
Оно, как сон, исчезло вдруг.
Давно закравшийся недуг
В младую грудь подруги милой
С весной приметно стал сближать
Ее с безвременной могилой.
Тут мне судил творец узнать
Всю доброту души прекрасной
Моей страдалицы несчастной.
Болезнию изнурена,
С какой заботою она
Свои страданья скрыть старалась:
Она шутила, улыбалась,
О прежних говорила днях,
О славном дяде, о детях.
К ней жизнь, казалось, возвращалась
С порывом пылких чувств ея;
Но часто, тайно от меня,
Она слезами обливалась.
Ей жизнь и силы возвратить
Я небеса молил напрасно —

Les souffrances de leurs père et mère
Leur furent épargnées par le créateur ;
Echappant au pays de l'exil,
Ils goutèrent une joyeuse fin.

Avec ma compagne me revint
La tranquillité de mon âme
Et je me sentais comme mieux ;
Je commençais à moins me languir.
Hélas ! Peu durable fut mon bonheur,
Tel un songe, soudain il disparut.
Une maladie, longtemps couvée
Dans la jeune poitrine de ma douce
Compagne, au printemps se déclara,
Annonçant sa mort prématurée.
Là le créateur m'a fait connaître
De ma ravissante, infortunée
Malade, toute la bonté d'âme.
Ereintée de douleur, quels efforts
Accomplissait-elle pour tâcher
De dissimuler ses souffrances !
Elle plaisantait, était souriante,
Elle devisait des jours passés,
De l'oncle célèbre, des enfants.
Elle retrouvait la vie, semblait-il,
Emportée par son enthousiasme ;
Mais fréquemment et à mon insu
Elle fondait complètement en larmes.
De lui rendre la vie et les forces
Vainement ai-je prié les cieux —

Судьбы ничем не отвратить.
Настал для сердца час ужасный!
«Мой друг! — сказала мне она, —
Я умираю, будь покоен;
Нам здесь печаль была дана;
Но, друг, есть лучшая страна:
Ты по душе ее достоин.
О! там мы свидимся опять!
Там ждет награда за страданья,
Там нет ни казней, ни изгнанья,
Там нас не будут разлучать».
Она умолкла. Вдруг приметно
Стал угасать огонь очей.
И, наконец, вздохнув сильней,
Она с улыбкою приветной
Увяла в цвете юных лет,
Безвременно, в Сибири хладной,
Как на иссохшем стебле цвет
В теплице душной, безотрадной.

Могильный, грустный холм ея
Близ юрты сей насыпал я.
С закатом солнца я порою
На нем в безмолвии сижу
И чудотворною мечтою
Лета протекшие бужу.
Все воскресает предо мною:
Друзья, Мазепа, и война,
И с чистою своей душою
Невозвратимая жена.

Rien ne peut changer la destinée.
Pour mon cœur survint un temps horrible !
« Mon compagnon ! — m'a-t-elle dit, —
Je me meurs, mais ne t'inquiète pas ;
Ici le chagrin était notre lot ;
Mais, compagnon, il est un pays
Meilleur : ton âme t'en rend digne.
Oh oui ! là-bas nous nous reverrons !
Là-bas attend la récompense de nos souffrances,
Là-bas n'existent ni exécutions ni exil,
Là-bas nous serons inséparables ».
Elle se tut. Tout à coup de ses yeux
La flamme visiblement s'éteignit
Et, à la fin, haletant plus fort,
Avec un sourire avenant
Dans la fleur de l'âge elle se fana
Prématurément dans la froide Sibérie,
Comme une fleur sur sa tige se dessèche
Dans une serre étouffante et sans joie.

Un triste tertre funéraire
Près de cette yourte je lui ai élevé.
Parfois, quand le soleil se couche,
Je reste assis dessus, silencieux,
Et au cours de rêves merveilleux
J'évoque les années écoulées.
Tout ressuscite devant mes yeux :
Les amis, Mazepa, et la guerre,
Ainsi qu'avec son âme pure
Ma femme qui ne reviendra plus.

О странник! Память о подруге
Страдальцу бодрость в душу льет;
Он равнодушней смерти ждет
И плачет сладостно о друге.
Как часто вспоминаю я
Над хладною ее могилой
И свойства добрые ея,
И пылкий ум, и образ милой!
С какою страстию она,
Высоких помыслов полна,
Свое отечество любила.
С какою живостью об нем,
В своем изгнанье роковом,
Она со мною говорила!
Неутолимая печаль
Ее, тягча, снедала тайно;
Ее тоски не зрел москаль —
Она ни разу и случайно
Врага страны своей родной
Порадовать не захотела
Ни тихим вздохом, ни слезой.
Она могла, она умела
Гражданкой и супругой быть
И жар к добру души прекрасной,
В укор судьбине самовластной,
В самом страданье сохранить.

. . . .

С утратой сей, от бед усталой,

O voyageur ! Le souvenir de sa compagne
A celui qui souffre fortifie l'âme ;
Il attend la mort sans s'émouvoir,
Versant de douces larmes sur son amie.
Que je me remémore souvent,
Au-dessus de sa froide tombe,
Et son caractère bienveillant,
Et son esprit vif, et son air doux !
Avec quelle ardente passion,
Pleine de généreuses pensées,
Elle aimait le pays de ses pères !
Et avec quelle vivacité
Au cours de son fatidique exil
Elle en parlait en ma compagnie !
Un chagrin qu'on ne peut apaiser,
Tenace, secrètement la rongeait ;
Le Moscale ne voyait pas sa peine —
Pas une seule fois ni par mégarde
A l'ennemi de son pays natal
Elle n'a consenti à offrir
Une larme, un silencieux soupir.
Elle était capable, elle savait
Etre épouse et citoyenne, gardant
La passion du bien en sa belle âme,
A l'encontre du despotique destin,
Même au comble de sa souffrance.

…………………..

Après cette perte, fatigué de mes malheurs,

С душой для счастия увялой,
Я веру в счастье потерял;
Я много горя испытал,
Но, тяжкой жизнью недовольный,
Как трус презренный, не искал
Спасенья в смерти самовольной.
Не раз встречал я смерть в боях;
Она кругом меня ходила
И груды трупов громоздила
В родных украинских степях.
Но никогда, ей в очи глядя,
Не содрогнулся я душой;
Не забывал, стремяся в бой,
Что мне Мазепа друг и дядя.
Чтить Брута с детства я привык:
Защитник Рима благородный,
Душою истинно свободный,
Делами истинно велик.
Но он достоин укоризны:
Свободу сам он погубил —
Он торжество врагов отчизны
Самоубийством утвердил.
Ты видишь сам, как я страдаю,
Как жизнь в изгнанье тяжела;
Мне б смерть отрадою была, —
Но жизнь и смерть я презираю…
Мне надо жить; еще во мне

L'âme desséchée pour le bonheur,
Je perdis la foi en celui-ci ;
Je connus maintes amertumes,
Mais, mécontent de ma pénible vie,
Je ne cherchais pas, comme un lâche,
Mon salut dans un vil suicide.
Plus d'une fois j'avais vu la mort
En combattant ; tout autour de moi
Rôdant, elle entassait des cadavres
Dans les steppes de mon Ukraine natale.
Mais jamais, la fixant du regard,
En mon âme je n'avais tressailli ;
Je n'oubliais pas, me lançant dans la bataille,
Que Mazepa était mon ami et mon oncle.
Depuis l'enfance j'honorais Brutus[40],
Le noble défenseur de Rome,
Véritablement libre par l'âme,
Véritablement grand par ses actes.
Mais il mérite des reproches :
Lui-même mit fin à la liberté —
Par son suicide, il fit triompher
Les adversaires de la patrie.
Tu vois toi-même combien je souffre,
Combien la vie en exil est dure ;
La mort serait une joie pour moi, —
Mais je méprise la vie et la mort...
Il me faut vivre ; en moi toujours

---

[40] Conjuré censé avoir donné le dernier coup de poignard à Jules César.

Горит любовь к родной стране, —
Еще, быть может, друг народа
Спасет несчастных земляков,
И, достояние отцов,
Воскреснет прежняя свобода!..»
Тут Войнаровский замолчал;
С лица исчезнул мрак печали,
Глаза слезами засверкали,
И он молиться тихо стал.
Гость просвещенный угадал,
Об чем страдалец сей молился;
Он сам невольно прослезился
И несчастливцу руку дал,
В душе с тоской и грустью сильной
В знак дружбы верной, домогильной…

Дни уходили с быстротой.
Зима обратно налетела
И хладною рукой одела
Природу в саван снеговой.
В пустыне странник просвещенный
Страдальца часто навещал,
Тоску и грусть с ним разделял
И об Украине незабвенной,
Как сын Украины, он мечтал.
Однажды он в уединенье
С отрадной вестью о прощенье
К страдальцу-другу поспешал.
Мороз трещал. Глухой тропою
Олень пернатою стрелою

Brûle de l'amour pour ma patrie, —
Peut-être encore qu'un ami du peuple
Sauvera mes pauvres compatriotes,
Et, trésor conquis par nos pères,
Renaîtra la liberté d'avant !... »
Là Voynarovsky se tut, l'ombre
Du chagrin disparut de sa face,
Des larmes brillèrent dans ses yeux,
Il se mit à prier en silence.
Et son hôte lettré devina
L'objet de la prière du damné ;
Lui-même malgré soi versa des larmes
Et, fort attristé en son âme,
Tendit la main au malheureux, signe
De fidèle, éternelle amitié…

Les jours s'écoulaient rapidement.
L'hiver à nouveau fit son retour
Et de sa main glacée revêtit
La nature d'un linceul de neige.
Dans ce désert le docte voyageur
Souvent rendait visite au proscrit,
Partageant sa langueur, sa tristesse
Et à l'inoubliable Ukraine,
Comme le fils de l'Ukraine, il rêvait.
Un jour, apportant dans sa retraite
La bonne nouvelle de son pardon,
Il se hâtait de rejoindre son pauvre compagnon.
Il gelait à pierre fendre. Sur la morne piste
Son renne, pareil à une flèche ailée,

Его на быстрой нарте мчал.
Уже он ловит жадным взором
Сквозь ветви древ, в глуши лесной,
Кров одинокий и простой
С полуразрушенным забором.

«С каким восторгом сладким я
Скажу: окончены страданья!
Мой друг, покинь страну изгнанья!
Лети в родимые края!
Там ждут тебя, в стране прекрасной,
Благословенье земляков.
И круг друзей с душою ясной,
И мирный дом твоих отцов!»
Так добрый Миллер предавался
Дорогой сладостным мечтам.
Но вот он к низким воротам
Пустынной хижины примчался.
Никто встречать его не идёт.
Он входит в двери. Луч приветный
Сквозь занесенный снегом лед
Украдкой свет угрюмый льет:
Все пусто в юрте безответной;
Лишь мрак и холод в ней живет.
«Все в запустенье! — мыслит странник. —
Куда ж сокрылся ты, изгнанник?»
И, думой мрачной отягчен,
Тревожим тайною тоскою,
Идет на холм могильный он, —
И что же видит пред собою?

Au galop l'emmenait sur son traîneau véloce.
Déjà son regard impatient guette
Au travers des branches, au fond des bois,
Le refuge isolé et sommaire,
A la clôture à moitié ruinée.

« Avec quel exquis ravissement
Vais-je lui dire : finies les souffrances !
Quitte, ami, le pays de l'exil !
Vole vers tes terres natales !
Là-bas t'attend, dans ton magnifique pays,
La bénédiction de tes compatriotes.
Et aussi le cercle de tes amis au cœur pur,
Ainsi que de tes ancêtres le paisible foyer ! »
Le bon Müller en chemin ainsi
Se livrait à ces songes exquis.
Le voici qui se précipite
Vers la porte basse de la cabane isolée.
Il n'y a personne pour venir à sa rencontre.
Il entre. Pour l'accueillir, un rayon
Traversant la glace enneigée
Répand une furtive et triste lumière :
C'est le vide dans la yourte silencieuse ;
Seuls y règnent les ténèbres et le froid.
« Tout est à l'abandon ! — se dit-il. —
Où t'es-tu donc caché, exilé ? »
Et, ruminant une sinistre pensée,
Par une secrète angoisse alarmé,
Il se rend sur le tertre funéraire, —
Et que voit-il alors devant lui ?

Под наклонившимся крестом,
С опущенным на грудь челом,
Как грустный памятник могилы,
Изгнанник, мрачный и унылый,
Сидит на холме гробовом
В оцепененье роковом:
В глазах недвижных хлад кончины,
Как мрамор, лоснится чело,
И от соседственной долины
Уж мертвеца до половины
Пушистым снегом занесло.

En dessous de la croix qui penchait,
La tête affaissée sur la poitrine,
Tel une triste statue funéraire,
L'exilé, sombre et abattu,
Sur le tertre funéraire est assis
Dans une fatale prostration :
La mort glacée a figé ses yeux,
Son front est luisant comme un marbre,
Et depuis la vallée voisine
La neige poudreuse déjà à moitié
A enseveli le trépassé.

Ci-contre, l'Hetmanat cosaque après les partages de la Trêve d'Andrusovo (1667) qui mit fin, provisoirement, à la guerre russo-polonaise

edmaps.com, CC BY-SA 4.0 <https://creativecommons.org/licenses/by-sa/4.0>, via Wikimedia Commons

© 2024, Kondraty Ryleyev pour l'original
et Richard Wojnarowski pour la traduction

Édition : BoD • Books on Demand GmbH, In de Tarpen 42,
22848 Norderstedt (Allemagne)
Impression : Libri Plureos GmbH, Friedensallee 273, 22763
Hamburg (Allemagne)
ISBN : 978-2-3225-3971-0
Dépôt légal : Août 2024